연극, 수업을 바꾸다

연극, 수업을 바꾸다

초등 연극 수업의 이론에서 실천까지

상상하고 표현하며 성장하는 즐거움!
교육 연극의 실제를 만나다

송칠섭 지음

지식프레임

들어가는 글 ————

선생님들과의 모임을 마치고 사석에서 커피를 마시며 대화를 하던 중 교육과정 개편에 대한 이야기가 나왔다.

"내년부터 교육과정이 바뀌는 거 알아?"

"들어서 알고 있어요."

"이번에는 뭐가 새로 바뀌었어요?"

"연극이 국어 교과서에 들어온다는데."

"아니, 아무런 준비가 안 된 상태에서 뜬금없이 연극이라니? 현장에서는 전혀 준비가 안 되어 있는데 새로운 내용을 도입하면 어쩌자는 거야?"

"뭐 늘 그래왔듯이 지금부터 준비하라는 거겠죠."

세간에는 교육과정이 자주 바뀌는 것에 대한 교사들의 푸념을 두고 교사들은 변화를 두려워해서 새로운 시도에 대해 무작정 거부감을 표현한다는 비판이 있다. 그러나 이 비판은 앞뒤 맥락 없는 단편적인 비판에 불과하다. 선생님들은 변화를 두려워하는 것이 아니라 변화에 적응할 수 있는 시간적 여유가 없는 것에 불편함을 느낀다. 연극 수업도 마찬가지다. 처음 새로운 교육과정이 현장에 적용되면 교사들은 두려움과 설렘 그리고 불편한 감정을 느낀다. 새로운 도전은 항상 설레지만 미지의 것에 대한 두려움도 있기 마련이다. 그리고 준비되어 있지 않은 현장은 늘 불편하다. 교사들은 시간이 지나면 어떻게든 새 교육과정에 적응하려고 몸부림을 친다. 그 과정에서 어떤 선생님은 실패감을 느끼고 어떤 선생님은 성취감을, 또 다른 선생님은 살아남았다는 안도감에 젖어든다.

발령 첫해에 무작정 덤벼들었던 수업이 하나 있었는데 바로 연극이었다. 열정과 패기로 아이들과 함께 부대끼며 공연을 마치고 작은 성취감에 뿌듯해했던 그 순간, 힘들어했던 아이들의 목소리는 들리지 않았다. 신규교사를 격려하는 주변 선생님들의 칭찬에 젖어 아이들이 힘들어하는 것도 모른 채, 나는 이듬해까지 연극을 끌고 갔다. 그러다 도저히 못하겠다고 우는 아이들의 모습에 연출가도, 교사도 아닌 내 모습을 발견하고 큰 충격을 받았다. 그 순간에 느꼈던 열패감은 새로운 학교에 와서도 계속 되었다. 새로운 학교에서 동학년 선생님들끼리 연극을 해보자고 의기투합을 하게 되었다. 예전 연극 수업이 떠올라 내키지 않았지만 분위기에 휩쓸려 적극적인 반대를 하지 못했다. 그 결과 다른 반에서 연극을 진행할 때 혼자 연극을 하지 않게 되었다.

"왜 선생님은 함께하기로 했으면서 안 했어요? 적어도 같이 하기로 했으면 보조를 맞춰야 하는 거 아닌가요?"

내 속사정을 잘 몰랐던 J선생님의 말은 또 다른 가시가 되어 박혔다. 이

학교에 있는 동안은 앞으로 이와 비슷한 상황이 계속될 것 같다는 생각에 '내년에는 어쩔 수 없이 해야겠구나. 이왕 해야 하는 일이라면 제대로 해보자.'라고 마음먹었다. 그때부터 연극 수업에 대한 자료를 모으고 과거 실패했던 수업의 부서진 연결고리를 되짚어가며 준비를 했다. 그렇게 시간이 지나면서 연극 수업에 대한 노하우가 쌓여갔다. 이 경험들을 자료로 정리해가는 도중에 교육과정이 바뀌었고 연극 단원이 교과서에 실리게 되었다.

교육과정에 연극 단원이 들어온 지 2년이 지났다. 많은 선생님들이 연극 수업을 가지고 새로운 시도와 도전을 해왔다. 그분들의 수고 위에 내가 실패했던 경험과 다듬어왔던 노하우를 보태어 글로 정리해본다. 선생님들이 연극 수업에 어려움을 겪을 때마다 이 책이 징검다리의 역할을 하게 되길 기대해본다. 책이 나오기까지 많은 분들의 도움이 있었다. 한가한 주말에 원고를 쓸 수 있도록 지원해준 가족들, 내가 했던 수업 자료를 바탕으로 선뜻 연극 수업에 도전해주었던 민진성 선생님, 처음 원고를 읽고 격려해주셨던 최미경 교장선생님, 글을 같이 읽고 지지와 격려를 보내준 교육실천이음연구소 연구원들, 그리고 수업코칭연구소 이규철 소장님, 동학년으로 한 해를 같이 보내게 된 허승환 선생님 그리고 저를 기억하는 모든 사람들과 이 책이 나오도록 도움을 준 지식프레임 대표님에게 감사를 드린다.

_ 지은이 송칠섭

Contents

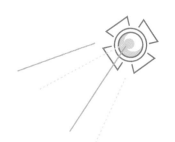

아이들이 어떤 문제를 발견하고 문제의 원인을 찾아서
여러 요소들을 적용하여 문제를 해결해가는 과정은
어른들이 살아가는 삶과 크게 다르지 않다.
아이들의 생활에서도 이런 문제들이 늘 일어나지만
연극 수업은 이런 문제들을 수업 속에서 해결해가는 과정을
경험할 수 있도록 도움을 준다.

Part 1
연극 수업의 이유를 묻다

서울에 처음 만들어졌던 혁신학교에서 근무할 때의 일이다. 인근 학교에 근무하고 있던 가까운 후배 몇 명과 매달 책 모임을 가졌다.

책을 좋아하고 배우기를 좋아하는 사람들이 모여 교육 관련 서적을 중심으로 읽었다. 자연스레 책과 교실에 대한 각자의 생각을 나누며 교육에 대한 저마다의 생각을 다듬어갔다. 책 이야기뿐 아니라 자연스레 학급 운영이나 수업에 대한 이야기도 나왔다.

"선배님, 요즘 어떤 활동에 집중하고 계세요?"

다양한 수업 방법이나 교육과정의 동향에 관심이 많은 중견 교사인 후배가 물었다. 그는 종종 내가 하는 수업이나 활동에 관심을 가지고 물어오는 기특한 후배다.

"요즘 연극 수업에 시간을 많이 쓰고 있어. 저번에 얘기했던 것처럼 우리 학교는 고학년은 연극을 준비해서 무대에 올리는 것이 전통처럼 되었다고 했잖아. 올해도 여전하지 뭐."

기대 반 호기심 반의 표정으로 다른 후배가 말을 이었다.

"연극 수업할 만해요? 저도 해보고 싶기는 한데 선뜻 내키지 않네요. 선배는 어떻게 진행해요?"

"발령 초기 때와는 다른 방식으로 아이들과 함께 만들어가고 있는

데 아이들이 수업을 하는 과정에서 성장하는 모습을 볼 수 있다는 것이 진짜 재미있어."

"어떻게 하시는데요?"

"초기에는 내가 연극 전체를 조율해서 실패했는데 요즘은 아이들이 연극을 조율할 방법을 생각하고 있어. 그게 교사가 할 일이란 생각도 들고."

후배들은 내가 하는 이야기에 다소 모호한 표정을 지어 보였다. 자신들이 생각했던 것과는 다른 대답 때문일 것이다. 어떤 생각을 하고 있는지 알 것 같아 그 옆의 후배에게 질문을 돌렸다.

"연극을 무대에 올려야 한다고 가정하면 어떤 생각이 들어?"

"저도 해보고 싶기는 한데 막상 시도하려면 어려울 것 같아요."

"뭐가 어렵게 생각되는데?"

"일단 연기 지도도 그렇고, 극본도 그렇고. 이것저것 생각할 게 한두 가지가 아닌데 교사가 다 준비해야 할 것 같은 부담이 있어요."

"난 연극 수업은 교사가 준비하는 것이 아니라 아이들과 함께 준비한다는 개념으로 진행하고 있어."

"그게 그거 아닌가요?"

"좀 다르지. 예를 들어 극본은 교사가 준비하는 게 아니라 아이들이 준비할 수 있도록 교사가 지도하는 거라 생각해."

"그럼 연기 지도는 어떻게 해요? 저는 연기 지도를 생각하면 어떻게 할지 감이 잘 안 와요."

"초등학생 아이들이 생각이나 감정을 표현하는 데 어느 수준을 기대하고 있는 거야? 혹시 연기자 수준으로 생각하고 있는 거야? 난 그렇게 생각하지 않거든. 아이들이 무대에서 연기자처럼 해야 한다고 생각하지 않아. 교과서 성취기준에 있는 것처럼 아이들이 자신의 감정을 표현할 수 있도록 교사가 지도하면 그것으로 충분하다고 생각해. 다만 그 과정을 얼마나 연습하는지에 초점을 두면 된다고 봐."

후배들은 연극에 대해 처음 듣는 이야기가 낯설었는지 이해가 될 듯 말 듯한 표정을 지었다. 그날 모임은 그렇게 정리가 되었다.

01
연극 수업을 왜 하는가?

　　2015개정교육과정이 발표되고 초등학교 고학년 교육과정에서 일어난 변화 중 한 가지는 연극과 드라마 수업이 교육과정 안에 들어온 것이다. 물론 이전의 교육과정에서도 희곡 단원이 있었다. 그러나 그 시기 교육과정의 성취목표는 문학의 한 장르 안에서 극본을 가르치기 위함이었기에 지금의 연극 단원이 교육과정 안에 들어온 것과는 다르다. 그러다 보니 새로 도입된 연극 단원에 많은 선생님들이 당황하고 있는 것이다.

　　이전에도 역량이 되거나 연극에 관심 있는 교사들이 극본을 가지고 연극을 무대에 올리는 일이 있었다. 그러나 이것은 연극에 관심 있는 소수의 선생님들에게 해당되는 일이었다. 이에 반해 2015개정교육과정에서 새롭게 들어온 연극의 성취목표를 살펴보면 모든 교사가 연극을 펼쳐내라는 것이다. 이것은 처음 연극을 접하는 교사에게는 상당히 부담스러운 일이 되었다.

이런 교육과정의 변화는 온작품 수업이 교육과정 안에 들어왔을 때처럼 학교 현장에 잔잔한 파문을 일으켰다. 독서를 활용한 수업이 익숙하지 않은 상태에서 온작품 수업이 교육과정 안에 들어와 많은 선생님들이 혼란을 겪었던 것처럼, 연극 수업에 대해 잘 알지 못하는 선생님들이 많은 상황에서 연극 수업이 들어와 혼란을 가져다준 것이다. 그러다 보니 연극과 관련하여 미처 준비되지 않은 선생님들은 걱정이 태산이다.

연극 공연을 펼치기 위해서 극본을 어떻게 준비하는지, 공연을 한다면 각각의 역할을 어떻게 정하는지, 연기 지도를 어떻게 하는지, 무대 배경을 어떻게 만드는지 등 많은 선생님들이 연극을 무대에 올리는 과정에 대해 잘 모르는 현실이 교실 상황을 더욱 어렵게 만든 것이다. 이런 어려움을 해결하기 위해 일부 발 빠른 학교의 경우는 문화 예술 협력 강사의 도움으로 연극 수업을 대신하기도 하고 창의적 체험 활동에 연극을 적용하기도 한다. 또 교사들은 연극 관련 도서를 활용하거나 연수를 통해 부족한 부분을 채워가는 등의 개인적인 노력을 통해 연극 수업을 준비하고 있다.

그럼에도 불구하고 많은 교사들이 교육과정 운영에 어려움을 겪고 있다. 교육과정 안에 연극이 들어왔으니 수업은 당장 해야 하는데 어디서부터 어떻게 준비해야 할지 몰라 곤란해하고 있는 것이다. 모든 수업이 다 그렇듯이 연극 수업도 아이들에게 의미가 있어야 하지만 수업을 진행하는 교사들에게도 의미 있는 수업이 되어야 한다. 그렇다면 연극 수업은 왜 해야 하는 걸까? 연극 수업을 어떻게 진행하면 좋을까? 연극 수업의 의미와 연극 수업이 갖는 교육적 효과에 대해 살펴보도록 하자.

생활지도와 수업의 일체화를 꾀할 수 있다

혁신학교에서 근무할 때 학년 공통프로젝트로 연극을 진행했던 경험이 있다. 연극 공연이 끝나고 동학년 선생님들과 프로젝트에 대한 정리를 하는 가운데 연극 수업을 진행하면서 의미 있었던 일에 대해 이야기를 나누었다. 다양한 이야기가 나왔지만, 공통된 이야기는 '생활지도의 편리성'과 '연극 수업을 통한 교실 안에서의 일체감 형성'이었다. 연극 수업을 진행하면서 느꼈던 점은 아이들이 연극 수업에 깊은 관심을 가지고 있고, 수업 시간뿐 아니라 쉬는 시간에도 연극 수업이 아이들에게 이야깃거리를 제공한다는 것이다. 이렇게 아이들에게 일체감과 흥미를 느끼게 해주는 연극 수업은 교사마다 시작하게 된 동기가 다 다르다.

우리 반이 연극 수업을 처음 시작하게 된 계기는 어떻게 하면 6학년 2학기 수업을 생활지도와 연결 지을 수 있을까라는 생각에서 비롯되었다. 이런 고민으로 다양한 프로젝트 수업을 구상하기에 이르렀고, 연극은 그중에 한 가지 프로젝트였다. 프로젝트 수업의 선정 기준은 고학년의 수준에 맞고 교사와 아이들이 함께 만들어갈 수 있는 활동이라야 했다. 또한 수업을 통해 배운 내용을 아이들이 생활 속에서 경험할 수 있도록 돕고 싶었다. 그런 면에서 연극은 수업과 생활을 연결지을 수 있는 좋은 소재가 되었다. 고학년에서 생활지도와 수업의 관계는 생각보다 밀접하게 연결된다. 수업을 통해 아이들에게 가르쳐야 할 내용이 있어야 하고, 아이들이 직접 경험해볼 수 있는 활동이 필요하기 때문이다. 이 두 가지를 만족시킬 수 있는 것이 연극이었다.

초등학교 교실은 교사와 아이들이 함께하는 시간이 많다. 그러다 보니 교사에게 많은 역할이 요구된다. 그 가운데 크게 중요한 두 가지 역할이 있다. 하나는 아이들 사이에서 분쟁이 일어났을 때 옳고 그름을 판단해주는 '판단자의 역할'이고, 다른 하나는 아이들 사이에서 갈등이 일어났을 때 중재를 담당하는 '중재자의 역할'이다. 이 두 가지 역할은 생활지도의 대부분을 차지한다. 많은 선생님들은 생활지도와 수업을 별개의 것으로 생각한다. 그래서 생활지도는 생활지도대로 수업은 수업대로 온 힘을 쏟지만 어느 것도 만족스러운 결과를 내기가 힘들다.

연극 수업은 이 별개의 것으로 보이는 교사의 역할을 수업 안에서 하나로 묶어낼 수 있다. 연극 수업을 진행할 때는 수업과 생활지도가 분리되지 않은 한 학기 동안의 온전한 아이들의 삶이 수업 안에 녹아 있어야 한다. 아이들은 고학년 특유의 에너지를 연극이라는 가상의 삶을 통해 수업 속에서 구현해낸다. 이때 아이들은 자신들의 정제되지 않은 감정을 연극 수업을 통해 걸러내어 표현하는 법을 배우고 연습한다. 아이들의 정제되지 않은 감정들이 여과 없이 그대로 쏟아져 나올 때는 친구들 사이에서 갈등을 일으키고 심하면 학교폭력의 형태로 드러나지만, '수업'이라는 틀 안에서는 한 번 걸러져서 전달된다. 연극 연습을 할 때 학교에서 일어났거나 일어날 수 있는 다양한 갈등을 연기 연습이라는 형태로 진행할 수 있기 때문이다. 다음은 실제 수업 시간에 일어났던 아이들 간의 갈등 상황이다.

중간 놀이 시간 아이들끼리 서로 팀을 나누어 게임을 하다 같은 팀원 한 명이 잘 못해서 경기가 불리하게 진행되었다. 그때 한 학생이 부지불식간에 '병신'이라는 말을 했고, 이 말로 인해 몸싸움이 일어났다. 친구들과 놀다가 순간적인 감정을 다듬지 못해 말싸움이 일어나고 몸싸움으로 이어졌다. 두 아이를 불러 자초지종을 듣고 난 후 서로에게 하고 싶은 이야기를 하게 했다. 서로의 이야기를 듣고 난 후 두 아이에게 만일 너희들이 이런 결말을 알았더라면 싸웠겠느냐고 물었다. 둘 다 그렇지 않았을 것이라고 대답했다.

며칠이 지난 후 연극 연습을 하는 과정에서 이 두 학생의 사례와 비슷한 상황을 만들어 연습했다.

학생 1 : (답답해하며) 아우, 병신 저것도 못 하네.

학생 2 : (화를 내며) 뭐? 병신? 야! 너 지금 뭐라고 했냐?

학생 1 : (바로 맞서며) 어쩌라고!

학생 2 : (일어서서 어깨를 밀친다.) 너 말 다했냐?

아이들에게 학생 1이 왜 그런 말을 했는지, 그때 학생 2의 마음이 어땠을지 물어보고 실제 그 상황에서 두 학생에게 어떤 마음이 들었는지 물었다. 두 아이의 대답을 들은 반 친구들은 이와 비슷한 상황이 자기들 주변에서 얼마든지 일어날 수 있는 일이란 것을 알게 되었다. 그런 다음 이 장면을 보면서 모두에게 어떤 감정이 들었는지, 어떻게 감정을 표현하면 좋을지 물었다. 아이들은 얼마 전에 교실에서 있었던 사건이기에 더 실감 나는 연습을 할 수 있었다. 이처럼 한 번 걸러진 감정은 아이들에게 좋은 수업 자료가 된다.

교육과정 운영을 자유롭게 한다

어떤 상황 안에서 시간에 쫓기면 성급한 판단을 내리기 쉽다. 성급한 판단은 문제가 일어났을 때 그 상황을 빨리 해결하게 하므로 즉흥적으로 대처하기가 쉽다. 2학기 고학년 교실은 시간에 쫓기는 상황이 자주 일어난다. 그러다 보면 교사는 아이들 사이에서 일어나는 여러 문제 상황을 놓칠 수 있다.

연극 수업은 아이들을 여유롭게 관찰할 수 있게 해준다. 배역을 정하고 각자의 역할을 나눌 때나 연습을 하는 과정에서 교사가 아이들을 여유롭게 지켜볼 수 있는 시간이 있기 때문이다. 시간적 여유가 있기 때문에 수업이 진행되는 동안 문제가 일어나도 그때마다 아이들과 더불어 적절한 해결책을 제시할 수 있다. 이런 이상적인 모습은 연극 수업을 하면서 바뀐 교실 풍경 중 하나다. 교사가 수업 진도에 쫓기지 않으면 심적으로 안정감을 갖게 되고, 그 안정감은 아이들을 여유롭게 지도할 수 있는 힘이 된다. 연극 수업은 이런 것들을 가능하게 해주었다.

　학교 교육과정 운영은 1학기에 비해 2학기가 수업이 훨씬 빡빡하게 진행된다. 수업 일수는 비슷하나 2월 학기 말 사이에 겨울방학이 끼어 있어 실제 수업을 진행하는 시간이 부족하게 느껴진다. 또 여러 가지 학교 행사가 2학기에 있을 때, 수업 시수를 충분히 확보하지 않으면 교과 마지막 단원은 건성으로 진행될 때가 있다. 그러다 보면 중요하게 가르쳐야 할 부분을 소홀히 해서 간혹 낭패를 보기도 한다. 연극 수업은 수업 시수가 부족할 때 보완할 수 있는 역할을 한다. 수업 시수가 부족할 때나 수업 시수가 남았을 때도 교육과정 운영의 묘미를 살릴 수 있다. 수업 시수가 남으면 무엇을 해야 할지 모른 채 막연히 영화를 보여주거나 자유 시간을 주는 것으로 2월을 보내기도 하는데 연극 수업을 하게 되면 이런 부분을 적절히 조절할 수 있다.

　연극 수업은 긴 호흡을 가지고 진행할 수 있다. 교사의 역량이나 의지에 따라 최종적으로 공연을 무대에 올릴 수 있고, 그것이 어려우면 교실 안에서 공연을 발표하는 것으로 마무리해도 좋다. 그럼에도 연극 수업을 진행할 때는 20차시 이상 충분한 시수를 확보하게 된다. 국어 교과의 문학 단원을 가져올 수도 있고, 음악 교과의 감상 활동이나 미술 교과의 표현 활동, 체육 교과의 움직임 교육을 연극 수업 안에 녹여낼 수 있다. 이런 시간을 확보하게 되면 주지 교과를 좀 더 충실히 수업할 수 있는 시간적 여유가 생긴다.

고학년을 15년 정도 맡으면서 연극 수업을 진행했던 해와 그렇지 않았던 해를 비교해보면 연극 수업을 진행했던 해가 교육과정 운영에 있어서 여유롭게 학년을 마무리할 수 있었다.

교실에서 내부적 갈등을 줄이는 효과가 있다

초등학교에서 가장 힘든 학년을 물어보면 모두 6학년이라고 한다. 고학년이 힘든 이유는 생활지도의 어려움 때문이다. 고학년 생활지도가 어려운 까닭은 갈등의 원인보다는 갈등을 해결하는 과정에서 생각하지 못한 변수가 등장하기 때문이다.

교실에서의 갈등은 학년에 따라 차이가 있지만 고학년의 경우 크게 서너 차례의 주기를 가지고 있다. 남학생들이 일으키는 갈등과 여학생들이 일으키는 갈등의 형태가 조금 다르기는 하지만 학년 초 적응기가 지나가고 시기적으로는 4~5월 전후에 주로 일어난다. 이 시기가 지나면 잠시 소강상태가 되었다가 더위가 시작되는 7월 전후로 다시 갈등이 일어난다. 7월에 일어나는 갈등의 양상은 4~5월에 매듭짓지 못했던 사건이 원인이 되기도 하고, 새로운 갈등이 원인기 되기도 하는데 교사의 입장에서는 같은 사건이 반복적으로 일어난다는 느낌을 받기 쉽다.

2학기에는 수련회를 전후로 모둠을 구성하거나 장기자랑을 준비하는 등의 행사로 인해서 갈등이 일어나기도 한다. 이런 갈등을 매번 생활지도를 통해 조정하려고 하면 교사는 너무 많은 에너지를 문제 해결에 쏟게 되어 수업을 제대로 진행하기가 쉽지 않다. 그런 면에서 연극 수업은 교실에서 일어나는 아이들 간의 다양한 갈등을 수업 안에서 풀어낼 수 있도록 해준다.

수업 안에서 갈등을 해결하기 위해서는 갈등의 성격을 파악할 필요가 있다. 고학년에서의 갈등은 크게 남학생이 일으키는 갈등과 여학생이 일으키는 갈등으로 나뉘는데 이 두 가지는 성격이 조금 다르다. 남학생이 일으키는 갈등은 남학생들 사이의 서열 정리에 따른 갈등이거나 혹은 두 학생 간의 불편한 감정이 부딪쳐서 일어나는 경우가 많다. 말싸움이나 몸싸움이 대표적이며, 갈등의 원인과 결과를 분명하게 찾고 서로 합의하면 비교적 쉽게 끝이 난다. 좀 더 복잡한 갈등은 여학생들 사이에서 일어나는 갈등이다. 여학생들의 갈등은 남학생들이 주로 개인 대 개인으로 일어나는 것과는 달리 여학생들이 속해 있는 두 집단 사이에서 일어나는 경우이거나 집단 안에서 개인과 집단 사이의 갈등이 많다.

연극 수업은 이런 갈등이 일어날 수 있는 예시를 수업의 소재로 활용하여 아이들 사이의 갈등을 예방하는 역할을 한다. 연극에서는 교실에서 충분히 일어날 수 있는 다양한 갈등 상황을 연습 장면으로 활용할 수 있다. 질문을 통해 갈등이 일어나기 전의 감정을 상기하며 그 감정에 따라 대사를 말해보거나, 감정이 섞인 말을 들었을 때 어떻게 반응할지를 예상해서 실제 갈등이 일어났을 때 예방 효과를 볼 수 있다.

또 연극 수업은 공연을 목표로 했을 때 공동의 목표가 생긴다. 많은 사람들 앞에서 공연하는 것은 아이들에게는 커다란 도전이다. 아이들에게 공동의 목표가 분명하게 제시될 때 내부 갈등이 약해지는 경우가 있다. 공연을 마무리하고 피드백할 때 갈등의 요소로 남았던 내용을 공개된 자리에서 표현하고 수용하는 시간을 갖게 된다. 이 과정을 통해 갈등이 해결되는 경우를 여러 번 경험할 수 있었다.

물론 연극을 준비하는 과정에서 새로운 갈등이 생길 수 있다. 이 갈등은 수련회 장기자랑을 준비하거나 모둠 활동을 준비하는 과정에서 일어나는 갈등과 비슷한 형태인데 이는 수업 안에서 해결이 가능하다.

공동 창작의 경험을 가질 수 있다

초등학교에 창의적 체험 활동이 교육과정 안으로 들어오면서 학교에는 문화 예술 수업이 외부 강사 수업과 함께 상당히 많이 들어왔다. 이전부터 조금씩 외부 강사가 와서 하는 아르떼 아카데미를 통한 다양한 문화 예술 수업이 있었다. 아르떼 아카데미는 문화관광부 산하에 속한 기관으로 예술인이 일정 시간 교육커리큘럼을 통해 학교 예술 수업을 지원할 수 있다. 이들 외에도 창의 음악이나 모둠북 활동, 도예 수업이나 공예 수업 등 학교의 특색에 맞추어 여러 문화 예술 수업이 학교 교육과정 안으로 들어왔다.

학교에서도 이런 수업을 선호하는 경향이 큰데 그 이유 중 하나가 아이들이 직접 창작의 경험을 가질 수 있기 때문이다. 목공 수업을 마치고 나서 자신이 만든 공예품을 가지고 가거나 모둠북 수업을 통해 공연을 관람하는 체험은 아이들에게 좋은 성취동기가 된다. 대체적으로 수업의 만족도도 높게 나오는 편이다. 하지만 외부 강사를 초청하는 수업은 강사의 역량이 수업의 질을 크게 좌우해서 아이들이 수동적으로 참여하게 되는 경우가 많다. 이와는 달리 교실에서 펼쳐지는 연극 수업은 담임교사와 아이들이 함께 만들어가는 창작의 기쁨을 맛볼 수 있는 활동이다. 교사가 진행하는 연극 수업은 연극 자체보다 수업에 초점이 맞추어진다.

수업은 교사 혼자 만들어가지 않는다. 교사와 가르치는 내용과 아이들이 함께 어우러져서 공동의 결과를 만들어낸다. 연극 수업은 정적인 수업이 아닌 동적인 수업으로 아이들과 함께 만들어가는 공동 창작의 경험을 제공해준다. 극본을 준비하는 과정부터 배역과 스태프를 정한 후 오랜 시간의 연습을 통해 관객들 앞에서 공연을 끝마쳤을 때, 그 순간의 감동은 경험하지 않고서는 알기 어렵다. 이런 감동이 한 사람의 힘으로 나타나는 것이 아니라 학급 구성원 모두의 작품이라는 것을 느낄 때 아이들은 강한 유대감을 느낀다.

아이들이 성장해가는 순간을 볼 수 있다

아이들과 함께 수업을 만들어간다는 것은 아이들의 관점에서는 창작의 기쁨을 느끼고, 교사의 관점에서는 아이들이 변화하고 성장하는 과정을 지켜보는 기쁨을 누린다는 뜻이다. 연극 수업은 하나의 활동으로 끝나는 수업이 아니라 긴 호흡을 요구하는 프로젝트 수업이기 때문에 조금씩 성장해가는 아이들의 모습을 보는 교사의 기쁨은 매우 특별하다. 교사는 연극 수업을 진행하면서 아이들이 매일매일 달라지는 모습을 볼 기회도 있고, 공연 무대에서 폭발적으로 성장하는 모습도 볼 수 있다. 교사의 입장에서 아이들의 성장이 얼마나 큰 감동을 주는지 경험해본 사람은 안다. 여기까지 경험했다면 연극 수업을 진행하지 않을 교사는 그리 많지 않을 거라고 생각한다.

함께 만들어간다는 것은 교사와 아이들이 함께 준비하고 어우러지는 것이다. 처음에는 교사의 영향력이 크게 미치다가 시간이 지나면서 교사는 사라지고 아이들이 연극 수업의 중심이 된다. 교사가 하던 역할을 아이들에게 하나씩 물려줄 때, 아이들이 그 역할들을 받아서 조금씩 수행해갈 때, 아이들은 성장한다. 다른 수업에서는 쉽게 보기 어려운 모습이다. 이런 과정이 자연스럽게 이어지기 위해서는 교사가 힘을 뺄 수 있어야 한다. 연극 수업을 진행하는 데 교사의 영향이 크게 반영된 연극 수업은 교사 주도적인 프로젝트가 될 우려가 있다. 교사가 처음부터 끝까지 주도하고 진행하는 수업이 그것이다. 교실에서 교사가 주도해야 가능하다는 생각을 걷어내면 아이들과 함께 만든 연극이 무대 위에서 펼쳐지고, 그 무대를 환호하는 관객과 더불어 모두가 즐길 수 있는 연극 수업이 가능하다.

개인적 특성을 지속적으로 관찰하여 진로지도를 할 수 있다

연극 수업을 통해 얻을 수 있는 교육적 효과는 여러 가지다. 먼저 연극에 참여하는 구성원 모두가 극본을 여러 번 읽고 이해하는 시간을 갖게 된다. 아이들은 이 과정을 통해 자신만의 방법으로 배역의 감정과 생각을 표현하는 법을 배울 수 있다. 또 배우의 말과 생각과 행동이 하나의 상황에서 종합적으로 표현되기 때문에 전체를 볼 수 있는 힘을 기르기도 한다. 또한 경쟁이 아니라 협동을 통해 연극 무대를 완성하는 경험을 갖게 된다. 이렇게 아이들이 연극을 통해 다양한 경험을 하는 과정을 교사는 처음부터 끝까지 입체적으로 관찰할 수 있다.

연극을 무대에 올리는 데 아이들이 동의하고 극본이 정해지고 나면 아이들은 크게 두 집단으로 나뉜다. 하나는 배우를 원하는 아이들과 다른 하나는 스태프를 하려는 아이들이다. 배우를 하고 싶은 아이들의 성향은 주로 외향적이며 주목받는 것을 어려워하지 않고 즐긴다. 반면 스태프를 원하는 아이들은 주로 내향적이라 소극적인 태도를 보이며 앞에 드러나는 것을 꺼린다. 그 가운데 간혹 음향이나 조명 등 특별한 역할에 관심을 가지는 아이들이 있다. 이처럼 아이들은 연극 수업을 통해 저마다 자신의 내면에 잠들어 있는 재능을 발휘하게 된다. 배우를 맡은 아이들은 극본에서 주어진 배역을 소화하기 위해 자신만의 방법으로 캐릭터를 표현하는 법을 배우게 되고, 다른 역할을 맡은 아이들은 자신의 역할을 통해 협동의 경험을 가질 수 있다.

교사는 연극 수업에서 아이들의 다양한 욕구와 표현을 관찰할 수 있다. 무대에서 공연하는 순간뿐 아니라 연습하는 전 과정을 통해 아이들이 변화하는 과정을 지켜보게 된다. 나아가 아이들이 연습하는 과정에서 부딪치는 문제들을 어떻게 해결하는지도 살펴볼 수 있다. 문제의 원인에 접근하는 방법과 문제를 해결하기 위해 노력하는 모습을 총체적으로 관찰할 수 있다. 이는 향후 아이들의 진로지도에 많은 참고가 된다.

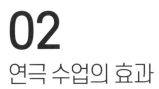

02
연극 수업의 효과

나는 발령 초기 이삼 년 정도 연극 수업을 진행하다 수업 진행에 문제가 있어서 계속 연극 수업을 하지 못했다. 그때를 뒤돌아보면 스스로 연극 수업에 대한 이해도가 낮았는데 무턱대고 시작했던 것이 아이들에게도 좋지 못한 영향을 미쳤던 것 같다. 다시 연극 수업을 진행하려고 맘먹었을 때는 내가 왜 연극 수업을 하려고 하는지, 연극 수업을 진행했을 때 어떤 결과를 기대하는지에 대한 나름대로 생각의 정리가 필요했다. 훗날 다른 사람들에게 연극 수업에 대해 이야기할 때, 내가 설득되지 않는 상황에서 다른 사람을 설득하기 어렵다는 것을 알고 있었기에 우선 내가 설득될 수 있는 이유가 필요했다.

그때의 생각을 더듬어 내가 연극 수업을 통해서 무엇을 얻으려고 했는지, 아이들과 함께 연극 수업을 하면서 내게 남은 것이 무엇인지에 대해 이야기해보겠다. 잘 정리된 교육 연극 관련 논문이나 책도 도

연극, 수업을 바꾸다

움이 되겠지만 그보다는 내가 연극 수업을 실제 경험하면서 깨달았던 내용을 나누는 것이 연극 수업을 하고자 하는 선생님들께 실질적인 도움이 되지 않을까 생각한다. 연극 수업을 하면서 여러 가지 좋았던 점이 있었지만 가장 좋았던 점은 아이들과 '우리'의 작품을 만들어보는 경험을 해보았다는 것이다. 그리고 생활지도와 수업을 하나로 묶을 수 있고, 아이들과 함께 몰입의 경험을 가질 수 있다는 점, 나아가 아이들 스스로 숨겨진 개성을 발견할 수 있는 기회를 가졌다는 점이 그것이다. 그리고 이 모든 과정을 통해 더불어 성장하는 경험을 함께 누린 것이 가장 큰 효과인 것 같다.

아이들과 함께 성장하는 경험을 얻을 수 있다

연극 수업은 하나의 활동으로 끝나는 수업이 아니다. 긴 호흡을 요구하는 프로젝트 수업이다. 이런 긴 호흡의 프로젝트는 아이들을 조금씩 성장시킨다. 조금씩 성장해가는 아이들의 모습을 볼 때 가르치는 사람으로서의 기쁨은 이루 말할 수가 없다. 아이들이 매일매일 달라지는 것을 볼 기회도 있고, 조금씩 서서히 변하다가 공연 무대에서 폭발적으로 성장하는 모습도 볼 수 있다. 교과서 안의 내용을 단순히 잘 전달하고 전달한 내용을 암기하는 것이 중심인 수업에서는 경험하기 힘든 수업이다. 자칫 정형화된 연극 수업은 교사 주도적인 프로젝트가 될 우려가 있다. 교실에서 교사가 주도해야 가능하다는 생각을 내려

놓으면 모두가 즐길 수 있는 연극 수업이 가능하다. 교사는 단지 '우리 함께 연극 한 번 해보지 않을래?'라고 말하며 학생들에게 첫 공을 던질 뿐이고 아이들이 그 공을 받으면 진행하면 된다. 극본을 쓸 때도 모두가 함께 참여할 수 있고, 극본을 수정하고 배역을 정하는 과정에서도 모든 아이들의 참여를 끌어낼 수 있다. 여기에 모두가 연극을 만들어간다는 공동의 목표는 더 빛이 난다. 배우와 스태프의 역할을 나누고 포스터와 초대장을 준비하는 등, 연극 수업을 만들어가는 전 과정이 모두가 함께 즐기는 축제가 된다.

아이들의 삶을 수업 안에서 살펴볼 수 있다

고학년 2학기에는 수업보다 생활지도가 어려운 경우가 상당히 많다. 학교에는 여러 행사가 있고 수련회 혹은 교육 여행으로 정신이 없는데 다양한 아이들의 문화까지 교실 안에 흘러 들어오면 교실은 불협화음으로 몸살을 겪게 된다. 이런 불협화음을 조율할 수 있는 활동이 연극이다. 아이들의 다양한 목소리들이 연극 안으로 들어올 때, 공동의 목표는 명확해진다. 그 목표를 이루기 위해 모두가 한마음으로 뛰어들면 아이들 간의 불협화음은 서서히 조율이 되어간다.

그러나 매번 이렇게 좋은 모습으로 연극 수업이 이루어지는 않는다. 마치 우리 삶에 좋은 날이 있으면 힘든 날도 있는 것처럼 때로는 즐겁고 때로는 힘든 시기도 있었다. 특히 초기에 내가 주도적으로 연극을 진행했을 때에는 오히려 더 큰 소음이 있었다. 이런 불협화음이 무서워 잠시 연극 수업을 놓았지만 연극 수업지도 방법을 바꾼 뒤로는 생활지도와 관련해서 더 이상의 큰 소음은 없었다.

연극 수업과 관련해서 일어날 수 있는 문제는 아이들이 원하지 않는 역할을 하게 되는 경우와 일벌레와 무임승차하는 아이들 간의 갈등이 대부분이다. 이와 관련해서는 뒤에 자세히 다루겠지만 서로의 상황을 충분히 듣고 배려할 수 있도록 지도하는 것이 좋다. 서로 수용할 수 있는 경계를 함께 정하는 것이 문제를 해결하는 데 도움이 된다는 것을 아이들이 배울 수 있도록 한다. 이 과정이 잘 조율되면 교사는 수업과 생활지도의 경계가 모호해지는 경험을 할 수 있다. 실제 교실의 문제 상황을 끌어와 연기 연습 지도를 할 때 아이들은 자신들이 일으킨 문제를 객관화하고 서로 해결 가능한 대안을 발견하기도 한다.

아이들이 어떤 문제를 발견하고 문제의 원인을 찾아서 여러 요소들을 적용하여 문제를 해결해가는 과정은 어른들이 살아가는 삶과 크게 다르지 않다. 아이들의 생활에서도 이런 문제들이 늘 일어나지만 연극 수업은 이런 문제들을 수업 속에서 해결해갈 수 있도록 도움을 준다.

실수를 통해 배우고 실수가 허용되는 경험을 갖는다

현대 사회는 기본적으로 경쟁을 추구한다. 다른 사람보다 한 걸음 더 움직이기를 원하고, 더 많은 정보를 얻어서 결국에는 홀로 경쟁에서 승리하는 구조를 가지고 있다. 그러나 학교에서는 실수가 허용되며 아이들은 실수를 통해 더 나은 방법을 찾는 법을 배운다. 연극 수업은 아이들에게 실수를 충분히 허용할 수 있는 장을 만들어준다.

아이들은 누구나 처음 연극을 경험하기에 같은 출발선에서 연극 수업에 임한다. 처음 극본을 써보고 수정하는 작업을 거쳐 연극 수업에 필요한 지식과 경험을 배우게 된다. 그리고 저마다 자신이 원하는 역할에 공정하게 지원이 가능하다. 사람들 앞에서 자신을 표현하는 것을 좋아하는 학생은 배우를 선택하고, 앞에 나서기 부끄럽지만 공동 활동에 기여하고 싶은 아이들은 스태프의 역할을 맡는다.

그 외에도 자신이 관심이 있는 도구를 다루거나 기술을 다루기 원하는 아이들은 연극을 만들어가는 데 필요한 영역에 자원한다. 그 속에서 아이들은 실수를 하거나 작은 실패를 하더라도 허용되는 경험을 갖게 된다. 때로 중간에 해결하기 어려운 문제에 부딪힐 때도 있지만 실패조차도 함께 경험하는 것이기에 아이들에게는 성장의 기회가 된다. 이것이 연극 수업이 가져다주는 긍정적인 효과이다.

아이들 안에 감추어진 개성을 발견할 수 있다

어린 시절 시골에서 농사를 지을 때의 일이다. 어느 해 봄, 거동이 불편했던 부모님을 대신해서 밭일을 한 적이 있었다. 씨 뿌리는 시기를 놓치면 봄 농사를 망치는 상황이라 농삿일에 대해 아무것도 몰랐지만 부모님이 시키는 대로 이랑에 씨를 뿌렸다. 며칠이 지난 후 봄비가 풍성히 내려 밭고랑을 정리하기 위해 씨를 뿌려두었던 밭에 들어섰다. 밭고랑에 들어서니 싹이 돋아난 것을 볼 수 있었다. 그런데 고개를 숙여 이랑을 살펴보니 고르게 싹이 나지는 않았다. 조금 일찍 싹을 틔운 곳도 있고 아직 싹이 돋아나지 않은 곳도 있어 혹시 씨를 잘못 뿌렸나 하는 마음에 불안해졌다. 밭고랑을 정리하고 다음 날 다시 밭을 둘러보니 어제는 보이지 않던 새싹이 이랑 곳곳을 빠짐없이 덮고 있었다. 적당히 내린 비와 이틀 동안 따사로이 비친 햇살이 어제는 보이지 않았던 씨앗을 싹틔운 것이다.

이처럼 교실은 씨앗을 뿌려놓은 밭고랑과도 같다. 아이들은 각자 다른 모습으로 저마다의 시간 안에서 다양하게 자라난다. 특히 연극 수업은 아이들의 욕구가 강하게 반영되는 수업이라 연습을 해가는 도중이나 또는 공연을 마치고 나서는 이전에 볼 수 없었던 아이들의 모습을 관찰할 수 있다. 연극 수업을 시작할 즈음에는 부끄러워하고 소심했던 아이들이 적절한 격려의 비와 따뜻하게 내리쬐는 친구들의 지지 속에서 다른 교과 수업에서는 볼 수 없었던 감추어져 있던 개성을 드러냈다.

"이번 연극에서 총연출이 필요한데 누가 한 번 해볼 사람?"

"선생님 제가 한 번 해보면 안 될까요?"

A는 공부를 잘하고 똑똑한 친구이다. 하지만 자기우월감이 있어서 많은 아이들이 못마땅해하는 아이였다. A의 대답을 전혀 예상하지 못

한 터라 반 아이들도 나도 순간 멍한 상태가 되었다.

"A가 지원했고. 또 다른 사람은 없니? 그래. 그럼 A가 총연출을 진행하게 될 거야. 초반부 연출은 어떻게 하는지 선생님이 가르쳐줄게. 그리고 후반부는 A가 주도적으로 끌어가도록 하자."

그래도 마음이 놓이지 않아 아이들에게 다짐을 받아두었다.

"총연출가는 우리 반 연극이 무대에 올리는 모든 부분을 관여할 거야. 배우의 연기부터 조명, 음향에 이르기까지 연극 전체를 아우르는 역할이야. 무대가 원활하게 돌아가기 위해서는 너희들이 A의 이야기에 귀를 기울여줘야 해. 잘 할 수 있지?"

교사의 염려와는 달리 A는 자신의 역할을 잘 완수해냈다. 원래 리더십이 있기도 했지만 어떤 상황의 큰 그림까지 볼 수 있을 거라고 생각하지는 못했다. A가 기대 이상으로 자신의 역할을 마무리하고 공연이 끝났다. 공연이 끝난 후 전체 소감을 정리하는 시간을 갖게 되었다. A에게 연극을 마친 소감 한 마디와 이번 연극을 통해서 배운 것을 말해보라고 했다.

"이번 연극을 하면서 친구들에게 고마웠습니다. 제가 조금 나대는 성격인데 친구들이 제 이야기를 잘 들어주었기 때문입니다. 그것이 이번 연극에서 가장 크게 배운 점 같습니다."

A가 중학교 진학을 하고 첫 스승의 날에 찾아왔다. 일상적인 대화 가운데 6학년 시기에 어떤 일들이 기억에 남느냐고 물었다. A는 "연극에서 총연출을 했던 것이 기억에 남아요."라고 대답했다. 그 경험을 토

대로 중학교에서 어떤 것을 더 해보고 싶은지 물었다. A는 연극에서의 총연출에 대한 경험을 살려서 전교 임원이 되어 학교 자치 활동을 해보고 싶다는 말을 꺼냈다. 자신의 바람대로 A는 중학교 전교 임원을 했고 연극 경험을 바탕으로 전체를 조율할 수 있는 기회를 가지게 되었다고 한다.

B는 연극에서 스태프로 음향을 맡았던 학생이었다. B는 연극을 마친 소감에서 이렇게 말했다.

"저는 배우가 자신이 없어 음향을 맡았습니다. 처음에는 연극의 흐름에 맞는 노래를 찾기 어려웠습니다. 그런데 친구들과 같이 이야기하면서 많은 것을 배울 수 있었습니다. 나중에 기회가 되면 방송 쪽으로 진로를 생각해보고 싶습니다."

B는 자신의 말대로 중학교에서 방송반을 선택하고 대학도 방송 관련 학과를 희망했다.

C는 무대를 꾸미는 과정에서 여러 의상에 관심을 가졌고 자신의 취미와 관련해서 코디네이터 역할을 할 수 있느냐고 물었다. 아이들에게 의견을 물으니 모두가 좋다고 대답하였고, C는 연극 공연을 준비하는 동안 원 없이 친구들에게 의상 코디를 하였다. C가 어떤 진로를 선택했는지는 들은 바 없지만 6학년 시절의 경험이 어떤 형태로든 영향을 끼쳤으리라 생각한다.

D는 남학생치고는 내성적인 학생이었다. 친구들과 지낼 때도 본인이 주도적으로 뭔가를 하기보다는 다른 친구들이 물어보면 함께 참여

하는 형태로 아이들과 어울렸다. 수업 중에도 설명을 들을 때를 제외하고는 조용히 그림을 그리는 등 있는 듯 없는 듯 지냈다. 그해 2학기 연극 수업을 할 때의 일이었다.

"극본이 정해졌으니 배우를 모집하려 해. 먼저 연극의 흐름을 끌고 갈 주연이 중요한데 혹시 주연을 해보고 싶은 사람 있니?"

보통은 배우의 역할보다 스태프의 역할을 하려는 사람이 적은 편인데 그해는 배우를 하려는 학생이 너무 적었다.

"만일 할 사람이 없으면 다음 단계를 어떻게 진행하면 좋을지 의논하면 좋겠다. 그냥 우리끼리 대사 연습하고 끝내는 방법도 있고."

"선생님 제가 해도 돼요?"

D였다. 평소에 조용한 아이라 모두들 놀랐다.

"잘 할 자신은 없지만 그래도 괜찮다면 해보고 싶어요."

그렇게 D가 주연을 맡게 되었다. 처음 몇 번 연습할 때는 쭈뼛거리며 어색한 연기를 했지만 시작이 지나면서 D는 점점 자신의 배역에 몰입해갔다. 나중에 안 일이지만 D는 처음 어색한 연기를 할 때 여러 번 자신의 선택을 후회했다고 한다. 하지만 그 과정을 넘어서고 나면 다음에는 더 잘 할 수 있을 것 같다는 생각이 들었다고 했다.

이처럼 연극 수업을 진행하면서 많은 아이들이 변해가는 모습을 가까이서 지켜볼 수 있었다. 덕분에 나는 아이들은 열두 번 더 바뀔 수 있다는 속담을 확신했다. 연극 수업은 아이들의 개성을 찾을 수 있는 좋은 무대가 된다. 물론 중간에 자신의 진로가 바뀌는 아이들도 많다.

하지만 적어도 자신의 진로를 결정할 수 있는 계기가 초등학교 연극 수업에서 비롯되었다면 그것만으로도 연극 수업은 충분히 가치가 있다고 생각한다.

03
연극 수업이 실패하는 이유

연극 수업을 너무 어렵게 시작하는 것도 문제지만 아무런 준비 없이 시작해도 낭패를 보기 쉽다. 처음에는 자신감을 갖고 연극 수업을 진행하던 교사도 어려움에 부딪혔을 때 연극 수업을 포기할 수 있기 때문이다. 이번 장에서는 연극 수업 실패 사례에 대해 살펴보고 연극 수업에 실패하는 여러 가지 요소에 대해 알아보겠다.

내가 처음 연극을 시작한 계기를 더듬어보면 아이들과 함께 활동하는 것이 좋고 다양한 경험을 만들고 싶어서였다. 어쩌다 운이 좋아 첫해에는 큰 문제없이 진행되었지만 이듬해부터 이런저런 문제들이 생겼다. 그래서 연극을 접었고 다시 시작하기까지는 많은 시간이 필요했다. 다시 시작하려고 마음을 먹고 왜 실패를 했는지 반성해보니 나뿐 아니라 연극 수업을 시작했다가 실패했던 몇몇 선생님들의 사례에는 공통점이 있었다.

연극 수업 실패 사례

새로운 시도를 결정하는 것에 부담을 느끼지 않는 A 교사는 동료 교사에게 학예회 공연에 대한 의견을 물었다.

"이번 학예회 때 뭘 해야 할지 모르겠어요."

"외부 강사 수업으로 아르떼에서 연극 수업을 지원받았는데 한 번 해보면 어때?"

"괜찮을까요?"

"뭐 그냥 해보는 거지. 기본적인 연습은 강사가 해줄 수 있을 것 같은데."

A 교사는 동료 교사의 추천으로 외부 강사를 지원받고 연극 수업을 진행하게 되었다. 극본을 준비했고 강사의 수업과 병행하여 연극 수업을 진행하였다. 그러나 강사의 수업과 본인의 수업이 연결되지 않아 수업은 수업대로 힘들었고, 실제 연극 공연을 위한 준비도 지지부진하게 되었다. 결국 공연을 하지 못하고 서둘러 수업을 정리했다.

B 교사는 혁신학교에 발령을 받았다. 그런데 발령받은 학교는 연극을 무대에 올리는 학교 전통이 있어 연극을 꼭 해야 하는 상황이었다. 한 번도 연극 공연을 보거나 연극에 관심이 없던 B 교사는 무엇을 어떻게 시작해야 할지 몰라 동학년 교사에게 도움을 청했다. 연극 수업 경험이 있는 동학년 교사의 도움에도 불구하고 수업을 끌어가는 것이 쉽지 않았다. 결국 자기 교실에서 수업을 진행해야 하는 것은 B 교사이다. B 교사는 연극 수업에 시간을 할애하느라 2학기 교육과정을 파

행적으로 운영할 수밖에 없었다.

C 교사는 새 학기가 시작되면서 6학년 담임을 맡았다. 워낙 고학년을 오랫동안 가르치기도 했지만 특별히 학교에서 6학년을 맡아주었으면 했다. 이 학교는 격년으로 운동회와 학예회를 진행하는데 6학년을 맡은 해에는 학예회가 계획되어 있었다. C 교사는 아이들과 깊은 추억을 만들기 위해 학예회를 뮤지컬 형식으로 진행하기로 했다. 아이들과 함께 만들어가는 과정에서 교사도 뮤지컬의 한 장면을 담당하기로 했는데, 교사가 준비해야 하는 부분에 신경을 쓰다 아이들끼리 문제가 생겼다는 것을 준비 과정에서 알아차리지 못했다. 공연은 무사히 마무리되었지만 생활지도에 문제가 생겨 아이들이 졸업하는 순간까지 마음고생이 심했다.

D 교사는 아이들과 소통을 즐겨 하는 초임 교사로 수업도 잘 가르치고 싶고 아이들과 잘 통하는 교사로 학생들에게 인정받고 싶었다. D 교사는 학예회 때 연극을 하기로 했는데 연극을 준비하는 과정에서 아이들과 극본을 함께 쓰고 역할을 나누었다. 문제는 주인공을 하고 싶어 하는 아이들이 너무 많아 아이들끼리 경쟁을 하게 된 것이다.

D 교사는 어떻게 배역을 정할까 고민하다 오디션을 보기로 했다. 그러자 한 학생이 자신은 오디션에 참여하지 않겠다고 했다. 이유인즉 자신과 경쟁관계에 있는 학생이 인기가 많아 당연히 그 학생이 배역을 맡을 것이라고 생각했기 때문이다. 이로 인해 오디션을 하지 않겠다고 했던 학생은 부모님께 도움을 구했고 부모님은 학교에 하소연

을 했다. 이에 관리자까지 나서서 별문제 없었던 아이들 사이가 껄끄러워졌다. 결국 연극은 뒷전으로 밀리고 생활지도에 신경을 써야 했다. 이후 D 교사는 다시는 연극을 하지 않겠다고 마음을 먹었다.

이처럼 많은 교사들이 연극 수업을 시도하다 실패하게 된다. 연극을 처음 시도하고자 하는 교사들이 연극 수업에 실패하는 주요 원인은 무엇일까?

지나치게 교사 주도적으로 진행될 때

초등학교에서 연극 수업은 주로 고학년에서 할 수 있는 활동 중의 하나이다. 대사를 외우고 감정을 표현하고, 무대 준비를 할 수 있는 역량은 고학년이 되어서야 어느 정도 갖추어진다. 연극이라는 종합예술을 다듬어갈 수 있는 기본적인 요건을 갖추는 것은 수업을 이끌어가는 데 중요한 요소가 된다. 그러나 역량이 있다고 그 역량이 그대로 발휘되는 것은 아니다. 교사와 아이들과의 관계나 아이들끼리의 관계가 흐트러지면 아이들이 가지고 있는 역량이 제대로 발휘되기 어렵다.

이런 관계 형성에 영향을 미치는 것은 아이들의 발달 과정과 밀접한 연관이 있다. 고학년은 사춘기가 시작되거나 진행되는 시기라 사소한 문제로 보이는 것이 크게 확대되는 경우도 있고, 어제까지 잘 진행되다가 오늘 문제가 생기는 경우도 있다. 이런 변화를 교사가 일방적으로 조정하거나 통제하려고 하면 문제가 생긴다. 고학년은 자기 주도성이 성장하는 시기이기 때문에 아무리 좋은 활동이라도 교사의 일방적인 진행을 꺼린다. 그렇기 때문에 교사는 연극 수업을 시작하거나 진행할 때 아이들의 필요와 욕구를 정리하는 시간이 필요하다. 연극 수업을 시작하려고 하는 이유, 연극 수업이 우리 학급에 미치는 배움의 효과 등에 대해 교사가 깊이 생각할 시간이 필요하다. 교사의 욕구와 아이들의 욕구가 일치하면 별문제가 없지만 그렇지 않을 경우 아이들의 반발심이 자연스럽게 형성될 수 있기 때문이다. 특히 아이들은 자신이 하고 싶은 배역을 하지 못하게 되면 연극 활동에 흥미를 잃고 비판적으로 돌아서기 쉽다.

연극 수업을 장기 프로젝트로 진행하고자 한다면 최대한 아이들에게 자율성을 허용할 수 있어야 한다. 그러나 모든 것을 자율에 맡길 경우 수업이 진행되기 어렵기 때문에 교사가 어느 정도 수준에서 개입할 것인지 생각해보아야 한다. 이런 문제들에 대해 깊이 고민하지 않고 무작정 연극을 시작했던 내 첫 연극 수업의 결과는 허무했다. 공연은 어찌어찌 올렸는데 공연을 마치고 나서 아이들과의 관계가 극도로 나빠졌다. 교사가 모든 것을 끌고 갈 때 모든 책임은 교사가 져야 한다. 나는 나중에서야 이 문제를 깨닫게 되었고 다시 한 번 내 연극 수업을 돌아보게 되었다.

교사가 연출가의 역할을 할 때

연극 수업 역시 수업이다. 수업은 교사와 학생이 함께 만들어가는 활동이다. 내 첫 연극 수업은 발표를 잘 해야 한다는 욕심이 앞서 수업 지도에만 신경을 썼다. 수업에는 교사와 교육 내용과 학생이 있어야 하는데 내가 진행했던 연극 수업은 교사와 교육 내용은 있는데 학생은 없었다. 가르침과 배움이 있는 것이 아니라 지시와 복종만 있는 연극 수업이 된 것이다. 또한 교사의 역할은 수업 속에서 가르치는 역할인데 어느새 내 모습은 무대완성도를 높이기 위한 연출가의 역할로만 남아 있었다. 그와 동시에 연극 수업은 사라졌고 연극 공연만 남게 되었다.

"목소리가 더 커야지. 아랫배에 힘주고 다시 해봐!"

"대사를 할 때 시선이 어디로 향해 있는 거야? 상대를 봐야지 바닥을 보면 어떻게 해!"

"배우가 관객에게 등을 보이는 경우는 거의 없어."

"서로의 동선이 겹치지 않게 확인하며 움직여야지."

"무대를 준비하는 스태프는 한쪽에서 우르르 나오지 말고 표시 안 나게 나와야 해."

"누가 어떤 소품을 움직일지 미리 정하지 않으면 어수선한 분위기가 돼."

"어슬렁거리지 말고 빨리빨리 움직여!"

"음향은 막과 막을 이어주기 때문에 조명이 꺼지기 전에 시작했다가 다시 조명이 켜지면 음향을 꺼야 해."

"조명은 관객들이 다음 장면을 상상할 수 있도록 하는 거야."

선무당이 사람 잡는다고 어설프게 알고 있는 연극 지식으로 전문가인 양 자기 확신에 차서 아이들을 다그쳤다. 본래 연극 수업의 취지를 잊은 채 연극을 제대로 가르치지 못하고 내가 가진 공연의 틀 안에 아이들을 구겨넣고 있었다. 교사는 가르치는 사람이지 무대를 만드는 사람이 아니란 것을 나중에 깨닫게 되었다.

교사가 직접 연출가 역할에서 벗어나기 위해서는 학생들 가운데 전체적인 그림을 볼 수 있는 학생을 총연출가로 세워야 한다. 이때 교사의 역할은 총연출이 어떤 역할을 하고 어떻게 무대를 보고 배우와 스태프를 어떻게 돕는지를 안내해주면 된다. 처음 한두 번은 교사가 시범을 보이고, 총연출을 맡은 학생이 메모하면서 총연출의 역할을 배울 수 있도록 지도한다. 이렇게 교사가 연출가의 역할에서 벗어나 한 걸음 떨어져서 지켜보면 어느새 아이들은 연극을 '자신의 것'으로 만들게 되고, 자신들이 만들어가는 연극에 더 큰 의미를 부여하게 된다.

배우를 중심에 놓고 연극을 준비할 때

한때 연극에서 중요한 것은 배우라고 생각했다. 그래서 가능한 대사를 잘 외우고 발음이 정확하며 무대 기질이 뛰어난 아이들을 위주로 직접 선발했다. 그리고 다른 영역은 이해가 늦거나 다소 소극적인 아이들에게 맡겼다. 이렇게 진행하다 보니 연기 연습을 하느라 교실은 시끄러웠고, 공연 준비가 미흡하면 아이들은 자신의 역할을 돌아보기보다는 다른 친구의 준비 부족을 지적할 때가 많았다. 친구들에게 지적당한 아이들은 또 주눅이 들게 되고 어색한 분위기 속에서 삐걱대며 시간이 흘러갔다. 공연이 임박해서야 급하게 서로 다그치며 서둘렀고 공연을 올리는 데만 초점을 맞춰서 수업을 진행했다. 수업은 수업대로 쉽지 않았고 아이들은 아이들대로 날카롭게 날이 서 있었다.

그때는 배경을 만들거나 음향을 준비하고 소품을 준비하는 일이 연극에 관심 있는 아이들이 잘할 수 있는 일인 줄 몰랐다. 연극에 별 관심이 없는 아이들은 어떤 역할을 맡겨도 시큰둥해했다. 이 아이들을 연극 수업 안으로 끌고 들어오기 위해서는 소극적인 태도를 지닌 아이들이 하고 싶은 역할과 그들의 관심에 충분히 귀를 기울여야 했다. 배우의 연기를 연극의 주된 부분으로만 알고 있었던 나는 연극이 종합 예술이라는 것을 실패를 통해서 깨달았다. 아이들은 어떤 역할을 맡든지 스스로 적극적인 태도를 가질 때 성장한다는 것을 시간이 흐른 후에 알게 된 것이다.

많은 아이들은 주목받는 역할을 좋아하는 경향을 보인다. 그러니 사전에 연극이 왜 종합예술이고 하나의 연극을 완성하기 위해서는 많은 사람들이 노력이 있어야 한다는 것을 충분히 이야기 나눌 필요가 있다. 공연의 성패는 배우만 잘하거나 또는 스태프만 잘해서 되는 것이 아니라 배우와 스태프, 그리고 관객이 함께 어우러질 때 좋은 공연이 된다는 것을 연극에 참여하는 모두가 알 수 있도록 충분한 설명이 뒷받침되어야 한다.

외부의 간섭에 흔들릴 때

과거 '동학년 보조'라는 말이 떠돌던 적이 있었다. 어쩌면 지금도 암암리에 적용되고 있는지 모르겠다. 학부모나 관리자의 시선에 유난히 민감한 교사들이 있다. 옆 반에서 새로운 활동이나 수업을 하면 지지하고 격려하는 교사도 있지만 그 활동이 우리 반과 비교된다고 생각이 드는 순간 호의적이었던 시선은 비판적으로 바뀐다. '동학년 보조를 좀 맞추지.' '나도 왕년에 다 해봤어.' '너무 튀려고 한다.' 등등 이유 없이 불편한 시선을 받을 때가 있다. 연극 수업은 동학년에게 숨길 수 없는 활동이다. 그러다 보니 교사의 의지와는 상관없이 동학년의 시선을 의식해서 결정을 해야 할 때가 있다.

또 학부모의 간섭이 작용할 때가 있다. 특히 배역과 관련해서 경쟁이 붙었을 때 경쟁에서 떨어지거나 밀린 학생의 학부모가 배역의 선정에 대한 불만을 제기하기도 하고, 쓸데없이 교육과정에(개정교육과정 이전) 없는 활동을 해서 분란을 일으킨다는 민원을 제기할 때도 있다. 교사는 이런 민원이나 불편한 시선을 한 번 경험하고 나면 스스로 자기검열을 해서 위축되는 경우가 많다. 이런 상황에서 연극 수업을 진행하려고 하면 실패가 두려워 포기하기도 한다.

연극, 수업을 바꾸다

전문가의 흉내를 내려고 애쓸 때

연극 수업을 했던 초기, 연극 수업을 잘하기 위해 공부가 필요함을 느끼고 전문 연극 서적을 살펴보았다. 그리고 책에서 습득한 몇 가지 지식을 가지고 아이들을 가르쳤다. 가능하면 전문가의 냄새가 나도록 무대를 꾸미려고 했다. 연극의 경험 없이 머리로 경험한 내용을 가지고 마치 다 아는 것처럼 아이들을 가르쳤다. 그 마음이 앞서 초등학교 교육의 본질을 놓쳤다는 생각에 지금도 그 아이들에게 미안한 마음이 든다. 아이들이 기대하는 연극 무대는 자신을 표현할 수 있는 무대였는데 나는 아이들이 전문적인 무대에 서고 싶어 한다고 착각하고 있었다.

수년 전 인기를 끌었던 드라마 〈미생〉에서 주인공 장그래가 자신의 프로젝트 발표 준비를 하면서 최대한 프로의 냄새를 내려고 애쓰는 장면이 나온다. 고졸 콤플렉스와 낙하산 인사를 바라보는 주변의 시선을 의식하여 '나도 능력이 있다'는 것을 보여주기 위해 PT 준비에 전문가의 느낌을 내려고 애를 쓰지만, 오 차장은 오히려 장그래에게 장사의 기본을 가르치려고 한다. 나는 교사이지 연출가가 아님에도 아이들 앞에서 또 동료 교사들 앞에서 연극의 전문가인 척했다. 교사는 연극의 전문가가 아니라 수업의 전문가가 되어야 한다. 그러기 위해서는 연극에 대한 기본 지식도 필요하지만 연극을 어떻게 수업으로 풀어갈지에 대한 고민을 더 많이 해야 한다.

무대 발표를 목표로 진행할 때

학예회 무대에서 동료 교사들에게 인정받고 싶었다. "송 선생, 대단해. 이런 것도 하고." 어쩌면 이런 말이 듣고 싶었는지 모른다. 그래서 다른 반보다 대단해 보이는 무엇인가를 하고 싶었다. 이런 욕심에 무대 발표를 목표로 하다 보니 힘들어하고 어려워하는 아이들은 눈에 들어오지 않았다.

당시에 나는 아이들의 의사를 중요하게 생각하지 않았다. 아이들이 교사의 지도에 충실하게 따라오기만 한다면 좋은 결과를 얻을 수 있을 거라 생각했다. 결과가 좋으면 과정도 좋을 거라 착각했다. 그래서 교사가 더 철저하게 준비해야 한다고 생각했고, 그 준비를 위해 연극 관련 서적을 보고 연극을 관람하고 무대를 어떻게 꾸밀까를 고민했다. 연극 공연 준비가 잘되지 않으면 그것이 교사의 문제라 생각했고 내가 바뀌면 더 나은 공연이 될 수 있을 것 같았다. 그때는 몰랐다. 연극이 어느 한 사람을 위한 활동이 아님을. 연극 수업의 중심은 교사가 되어서도, 그렇다고 아이들이 되어서도 안 된다. 교사와 아이들 모두를 위한 수업과 공연이 되어야 한다.

교실 연극의 목표는 무대가 아니라 수업이다. 수업이 제대로 이루어지기 위해서는 교사와 학생과 교육 내용이 서로 밀접한 관계를 맺고 있어야 한다. 학생이 교육 내용에 대해 잘 이해하고 있어야 하고, 교사가 교육 내용을 어떻게 학생의 수준에 적합하게 재구성해서 가르칠 것인지도 중요하다. 무대 공연은 연극 수업이 잘 이루어졌을 때의 결과이지 목표가 되어서는 안 된다.

"너희들이 연습을 얼마나 했느냐에 따라 무대가 달라질 거야. 선생님은 장소와 상관없이 어느 곳에서나 공연이 이루어져도 좋아. 우리끼리 발표를 해도 의미가 있고, 또 많은 관객들 앞에서 공연을 해도 의미가 있어. 하지만 너희들이 관객들 앞에서 배운 것을 잘 표현했을 때의 느낌을 가르쳐주고 싶은 것이 솔직한 심정이야. 열심히 연습하되 너무 억지로 잘하려고 애쓰지 않았으면 좋겠어."

최근 수년 동안 연극 수업을 하면서 이 말을 연극 수업을 시작할 즈음에 아이들에게 꼭 들려주곤 한다. 수업은 아이들의 성장과 변화를 목표로 진행되어야 한다. 그 과정에서 좋은 결과를 얻으면 그대로 의미가 있지만 좋은 결과를 얻지 못하더라도 아이들이 이전보다 조금 더 성장했다는 것에 의미를 둘 수 있다면 그것만으로도 충분히 좋은 수업이다. 연극 수업은 연극이 중심이 되는 것이 아니라 반드시 수업이 중심이 되어야 한다는 것을 명심해야 한다.

04
성공적인 연극 수업을
위한 요소

연극 수업에 대한 실패 요인을 돌아보며 새로운 마음으로 연극 수업을 준비하기 시작했다. 2학기 연극 수업을 염두에 두고 우선 최근 5년간 출판된 연극 수업 관련 서적들을 살펴보았다. 그리고 동학년에서 초등 연극 전문가를 초청해서 연수를 들었다. 책을 통해서 알게 된 내용과 전문가의 연수에서 들었던 팁 가운데 내가 미처 몰랐던 연극 수업을 준비하는 데 필요한 몇 가지 아이디어를 얻을 수 있었다.

긴 호흡으로 준비하자

학예회 발표를 염두에 두고 연극 수업을 준비하기보다 아이들의 성장과 발달에 중심을 두고 연극 수업을 준비해야 한다. 아이들은 저마다 주목받고 싶은 욕구를 다양한 형태로 표현한다. 어떤 학생은 공부를 열심히 하거나 어떤 학생은 운동을 열심히 하는 것으로 자신의 강점을 친구들에게 드러내고 싶어 한다. 모든 사람에게 필요한 인정욕구가 아이들에게는 이런 형태로 나타나기 때문이다. 이런 아이들의 욕구를 표현할 수 있는 장으로서의 교실이 필요하다.

"내 속에 이런 마음이 있는지 몰랐어요. 만일 다시 한 번 기회가 주어진다면 또 해보고 싶어요."

평소에 소극적이던 아이들이 배우를 하고 나서 자주 하는 말이다. 연습을 하는 과정과 무대에서 공연하는 과정에서 천천히 시간을 두면 아이들의 새로운 모습을 발견할 수 있다. 이런 모습은 아직 자신의 감정이나 욕구를 표현하기 서툰 아이들에게는 한두 번의 연습과 공연을 통해서는 발견하기 어렵다.

큰 그림은 교사가, 구체적인 것은 아이들과 함께 만들자

긴 호흡을 가지고 수업을 끌어간다는 것은 높은 산을 오르는 것과 같다. 멀리서는 하나의 산으로 보이지만 가까이 가면 수많은 봉우리들의 연속이다. 이처럼 수업을 끌어갈 때 중간 중간 봉우리 역할을 하는 지점을 교사는 그리고 있어야 한다. 극본을 어떻게 만들 것인지, 극본의 수정은 어떻게 할 것인지, 배우의 성격을 어떻게 찾아가고 배역을 어떻게 정하고 역할을 나눌지, 연습을 어떻게 하고 무대를 어떻게 준비하며 공연을 얼마나 할지, 어떤 방식으로 정리를 할지 등 전체적인 그림은 교사가 가지고 있어야 한다. 그러나 구체적인 실천 방법은 아이들과 함께 만들어가야 한다. 수업 속에서 교사가 아이들과 어우러질 때 그 수업은 모두의 작업이 된다. 모두의 작업이 되면 성공과 실패의 책임이 반 전체에게 있기 때문에 결과와 상관없이 좋은 수업이 된다.

아이들은 수동적으로 교사가 안내하고 가르치는 활동을 따라하는 것도 잘 받아들인다. 그러나 이런 수동적인 활동 안에서 아이들은 진행하는 과정에서 문제가 생기거나 실패했을 때, 그 책임을 교사에게 떠넘기려는 경향을 보인다. 연극을 만들어가는 과정에서 자신의 의사가 조금이라도 반영되어 변화가 일어나는 경험을 한 아이들은 실패와 성공의 경험을 겸허하게 수용하는 모습을 보인다. 처음 시작을 교사가 했더라도 활동의 마무리를 최대한 아이들이 만들어간다면 좋은 배움이 일어날 수 있다.

아이들의 욕구와 교사의 욕구를 적절히 조절하자

연극 공연에서 아이들은 배우 혹은 자신들의 끼를 표현하는 데 중심을 두기 쉽고, 교사는 수업의 완성에 관심을 두기 쉽다. 교사는 아이들의 욕구를 전혀 반영하지 않는 것도, 지나치게 반영하는 것도 주의해야 한다. 아이들은 좋은 배역을 하고 싶다거나 새로운 도구를 다루는 것, 그리고 어떤 배역의 역할에 도전해보고 싶다는 욕구가 강하다. 이 부분이 연극 수업을 진행하며 가장 조심스러웠다. 이 과정에서는 반드시 아이들의 욕구를 물어보고 결정해야 한다. 개인적인 경험으로는 배우를 하고 싶지만 선뜻 나서기 어려워하는 아이들은 음향이나 조명 역할을 원하는 경우가 많았다. 음향은 자신들이 좋아하는 아이돌 가수의 노래를 연극을 핑계로 마음껏 들을 수 있어서 선택하고, 조명의 경우는 장면의 전환을 자신이 결정할 수 있다는 점에서 선택한다.

우리 반의 경우에는 아이들이 팀을 이루어야 좋은 연극이 완성된다는 데 중점을 두고 서로의 욕구를 적절히 조절하고 배려해서 좋은 결과를 얻을 수 있었다. 또한 연극 공연을 목표로 한다면 연극의 완성도를 추구하는 것도 중요하지만 지나치게 완성도에 초점을 맞추면 교사가 아이들을 몰아세우게 된다. 이 점은 경계하는 것이 좋다.

아이들의 삶을 연극에 녹이자

공연이 이루어지기 위해서는 종합적인 활동이 필요하다. 종합적인 활동은 아이들이 살아가는 교실의 삶과 비슷하다. 무대를 만들고 음향과 조명을 삽입하고, 초대장을 만들고 포스터를 만드는 등 말 그대로 종합예술은 무대 위에서만 일어나는 일이 아니라 무대 밖에서도 일어난다.

아이들은 다 함께 극본을 준비하고 수정이 끝나는 과정에서 과제 수행을 버거워했다. 하지만 무대 배경을 고민하고 각자의 역할을 결정하는 과정은 무척 즐거워했다. 또한 배역을 정한 후 본격적인 공연 연습은 힘들어했지만, 공연 전에는 설레는 흥분을 느낄 수 있었고, 공연 후에는 뿌듯함이라는 결실을 맺기도 했다. 아이들은 여러 감정들을 맛보며 자연스럽게 연극에 자신들의 삶을 녹이고 있었다.

이 과정에서 교사는 아이들의 삶이 자연스럽게 연극에 녹아들도록 기다려주면 된다. 다만 교실에서 어떤 역할도 소화하기 어려운 소외된 학생들이 있다. 이 아이들에게 어떤 역할을 맡기면 좋을지에 대해 반 전체가 함께 의논하면서 문제를 풀어간다면 아이들 모두가 빛나는 연극을 만들어갈 수 있다.

우호 집단을 만들어두자

연극 수업을 시작할 때 가능한 우호 집단을 많이 만들어둘 필요가 있다. 대부분의 관리자들은 교사가 프로젝트 수업을 진행한다고 하면 긍정적으로 지원해주는 편이다. 다만 동학년에서 불협화음이 날 경우는 조심스럽다. 이런 상황에 대비해서 미리 동학년 선생님들과 좋은 협력 관계를 구축해두면 강력한 우군을 만들 수 있다.

동학년 선생님들에게 미리 연극 수업 진행에 대한 설명과 나아가 함께 수업을 해보자는 제안도 할 수 있다. 혹 함께하기가 어렵다면 나중에 공연을 할 때 관객으로 참여해달라고 부탁해도 좋다. 관객으로 참여했을 때에는 간단한 피드백을 받을 수 있는 활동지를 함께 준비하면 그

반에서는 감상 수업이, 우리 반에서는 피드백 활동이 가능하다.

또한 학부모와의 관계는 아이들과의 관계의 연장선이다. 미리 연극 진행에 대한 안내문을 학부모에게 보내서 협조를 구한다. 그리고 배역을 정하거나 역할을 정할 때 아이들이 충분히 납득할 수 있도록 설명해주도록 한다. 그렇게 되면 아이들이 배역에 떨어지거나 역할에서 제외됐을 때 별문제 없이 받아들이게 된다.

중간 정리 활동을 하자

산을 오르다 보면 정상이 보이지 않을 때 힘이 빠진다. 무작정 산을 오르기보다 틈틈이 쉬었다 가는 곳이 필요하다. 연극 수업도 마찬가지다. 연극을 긴 호흡으로 진행하다 보면 중간에 매너리즘에 빠지거나 지지부진하게 되는 경우가 있다. 아이들 사이에서 문제가 일어나기도 하고 연습에 지치는 경우도 있다.

이런 부분을 보완하기 위해서 중간 과정에서 점검 활동을 하면 좋다. 중간 점검 활동으로 처음에 가졌던 마음과 지금 드는 생각을 돌아가며 말해보고, 각 역할에 대한 어려움에 대해 이야기를 나눈다. 이런 활동은 아이들과 교사 모두에게 쉼터의 역할을 한다.

아이들은 자신의 일이 별 의미 없다고 생각하기도 하고 자신이 맡은 일이 가장 힘들다고 생각하기도 한다. 중간 정리 활동을 할 때 교사는 현재 아이들이 잘하는지, 못하는지에 대해서 평가하지 말고 처음과 비교해서 얼마나 달라졌는지, 변화 과정에 중점을 두도록 하자. 교사는 아이들이 긴 호흡의 연극 수업을 잘 마칠 수 있도록 아이들의 활동을 격려하고 인정해주는 것이 필요하다.

아이디어에 대한 기록을 남기자

공연을 준비하는 과정이나 연습하는 과정에서 떠오르는 아이디어가 있다. 아이들이 연극에 깊이 몰입하는 경우는 따로 지도하지 않아도 초기에 한두 번 교사가 시범을 보여주면 금방 따라한다.

처음에는 교사가 주로 메모를 한다. 그리고 총연출이 정해지고 배역과 스태프의 역할이 정해지면 총연출을 중심으로 메모를 해서 다음 연습에 참고하도록 안내한다. 메모지는 따로 준비하지 말고 완성된 극본에 각 역할에 필요한 내용이나 그때그때 떠오르는 생각들을 정리해서 바로 적용이 가능하게 한다.

연습이 끝나면 메모를 정리하여 중간 정리 활동이나 공연 후 정리 활동에 참고하면 좋다. 특히 소품을 준비하거나 의상을 준비해야 하는 경우, 소품의 개수가 많거나 등장 및 퇴장이 많을 경우에는 바로 적용이 가능하도록 메모하는 습관을 들이도록 한다.

공연이 끝나면 반드시 정리 활동을 하자

수업에서 반드시 정리 활동이 필요하듯 연극 수업에서도 정리 활동은 꼭 필요하다. 정리 활동은 한 사람씩 돌아가며 말할 때보다 활동지를 이용하여 글로 쓰는 것이 좋다. 말로 할 때는 그때의 짧은 감동이 남아 즉흥적으로 말하게 되지만 글로 쓸 때는 아이들이 차분히 자신의 생각을 정리하게 된다.

먼저 최종 리허설을 남겨두고 지금까지 준비하면서 들었던 생각과 공연을 기대하는 마음을 아이들과 같이 이야기한다. 그리고 공연이 끝난 후 활동지를 이용하여 공연이 시작되기 전의 느낌과 공연이 시작되었을 때, 공연을 마치고 나서 아쉬운 점이나 뿌듯했던 점에 대해 정리를 한다. 아이들이 썼던 내용을 돌아가며 읽고 공연이 끝난 여운을 흘러보내는 시간을 가지는 것을 추천한다. 이런 정리 활동은 수행평가나 과정중심평가와 연계해도 좋다.

교사가 내면의 두려움을 넘어 확신에 찬 모습으로 수업을 진행했을 때
아이들도 한마음으로 따라주었다. 두려움은 강하게 전염된다.
교사가 두려워하면 아이들은 더 크게 두려움을 느낀다.
실체가 없는 두려움은 스스로를 위축시킨다.
교사가 가르치는 것은 죽어 있는 지식이 아니다.
연극 수업은 아이들과 함께 살아가며 실수와 실패를 통해 성장하는 것을
생생하게 보여줄 수 있는 수업이다.

Part 2
연극 수업을 준비하다

연극 수업에 대한 이야기를 꺼낸 후 한 해가 지났다. 작년 이야기에 힘을 얻었는지 책 모임을 함께했던 후배가 자신도 연극 수업을 해보고 싶다고 했다.

뭘 어떻게 준비해야 할지 모르겠으니 도와줄 수 있느냐고 부탁했다. 연극 수업을 하겠다는 말에 반가운 마음이 들었지만, 연극 수업을 하기 전에 분명히 알았으면 하는 내용이 있어 후배에게 몇 가지 질문을 했다.

"왜 연극을 하고 싶은 거야?"

"작년에 6학년을 해보니 1학기는 그래도 학급이 조용하게 흘러갔는데 2학기에는 상당히 힘들었어요. 작년에 선배님이 그런 이야기를 했잖아요. 연극 수업이 교실을 하나로 묶어주는 역할을 했다고. 그 이야기를 듣고 올해 저도 한 번 해보고 싶다는 생각이 들었어요. 저도 선배님 생각에 동의가 되더라고요. 그래서 올해는 아이들과 공동 작업을 하나 해보고 싶은데 선배님이 하셨다고 하니까 도움을 얻을 수 있을 것 같아서요."

"내가 했던 자료는 줄 수 있는데 그것만으로는 쉽지 않을 거야."

"그럼 또 뭐가 필요할까요?"

"진짜 진지하게 해볼 생각이 있는 거지?"

"네."

후배의 진심이 느껴졌다. 그래서 연극 수업을 시작할 때 필요한 내용을 생각나는 대로 전해주었다. 그동안 했던 실패와 성공의 경험도 함께 이야기했다. 연극 수업을 진행하면서 좋았던 점과 힘들었던 점 그리고 실패하게 되는 원인들에 대해 들려주었다.

"난 고학년으로 갈수록 생활지도와 수업이 분리가 되면 어렵다고 생각해. 수업 내용은 많고, 생활지도도 문제가 일어나면 바로 정리가 필요하거든. 이 문제를 해결할 수 있는 방안으로 프로젝트 수업을 주로 했어. 그 과정에서 연극이 자연스럽게 들어온 것이고.

J선생도 알다시피 내가 고학년을 오래했잖아. 고학년을 가르치면서 주로 1학기는 민주주의와 관련해서 학급 자치를 중심으로 학급을 꾸려갔어. 1학기는 그래도 잘 운영이 되었는데 2학기는 좀 쉽지 않더라고. 그래서 아이들을 하나로 묶을 수 있는 활동이 필요했어. 난 그 활동을 연극으로 잡은 거야. 또 아이들이 자신을 표현하려는 욕구를 연극을 통해 풀어낼 수 있을 것 같았거든."

"연극을 하다 보면 아이들 간에 오히려 문제가 생기지는 않나요?"

"처음에는 문제가 있었어."

"어떤 문제요?"

"배역을 정할 때 갈등이 있었고, 아무것도 안 하려고 하는 아이도 있었고, 연습할 때 싸움이 일어났던 적도 있었지. 지금 생각해보면 내가 연극 수업에 대한 정리가 미숙했던 것 같아."

"지금은 어때요?"

"왜 그런 문제가 일어났는지 알고 난 후부터는 아직 별다른 문제는 없었어. 연극 수업을 준비할 때부터 마칠 때까지 나 혼자 끌어가지 않고 아이들의 생각과 활동을 최대한 참여시키려고 하는 편이야. 만일 J 선생이 연극 수업을 하겠다고 마음먹었다면 단순한 하나의 행사로 진행하기보다 좀 긴 호흡으로 끌고 가면 좋을 것 같아."

01
연극 수업을 할 때
먼저 준비해야 하는 것

익숙하지 않은 일을 새롭게 시도하는 것은 누구나 어렵고 힘든 일
이다. 모든 수업이 그렇듯이 연극 수업 역시 첫 걸음을 딛는 것은 교사
에게 큰 용기를 필요로 한다. 처음 연극 수업을 하는 교사들의 마음을
무엇에 비유할 수 있을까? 나침반 없이 바다를 항해한다거나 길 없는
숲을 헤쳐나가는 느낌이 들지도 모르겠다. 내게도 낯선 수업, 아이들
의 반응을 예상할 수 없는 순간들, 긴 호흡으로 연극 무대를 준비할 수
있을까 하는 두려움에 갇힐 수도 있겠다.

하지만 낯선 길을 떠날 때 지도가 있고, 먼 바다를 떠날 때 나침반
과 준비된 배가 있다면 길을 떠나거나 항해를 하는 데 어려움을 줄여
주듯 처음 시작하는 연극 수업도 사전 준비를 한다면 좀 더 효율적인
수업을 할 수 있다.

연극 수업에 대한 막연한 두려움을 넘어서야 한다

연극 수업을 처음 시작하려는 모든 교사가 첫 번째로 부딪치는 어려움은 '두려움'이다. 나 역시 처음에는 이런 두려움을 느꼈다. 교과서에 희곡이 실려 있으니 가르치기는 해야 하고 마침 학예회를 준비해야 한다고 해서 '한 번 해볼까?'라는 마음과 주목받고 싶은 마음이 앞서 연극을 시작하게 되었다.

그런데 막상 교과서의 지문을 가르치는 수업을 하다가 실제 지문이 살아서 움직이는 수업을 하려니 중간 중간 두려움이 생겼다. 배역을 결정하는 과정에서 스태프의 역할을 지도하는 방법도 몰랐고 그다음 단계도 어떻게 해야 할지 모르는 채로 일단 시작했으니 끝을 보자는 마음으로 끌고 갔다. 그 두려움을 조금이나마 덜어보려고 연극에 관련된 책을 찾아보고, 연극 공연을 보기도 하면서 두려움을 덜어내고 그 빈자리를 열정으로 채워나갔다.

이런 열정은 아이들에게도 고스란히 전달되었다. 교사가 내면의 두려움을 넘어 확신에 찬 모습으로 수업을 진행하니 아이들도 한마음으로 따라주었다. 두려움은 강하게 전염된다. 교사가 두려워하면 아이들은 더 크게 두려움을 느낀다. 실체가 없는 두려움은 스스로를 위축시킨다. 교사가 가르치는 것은 죽어 있는 지식이 아니다. 연극 수업은 아이들과 함께 살아가며 실수와 실패를 통해 성장하는 것을 생생하게 보여줄 수 있는 수업이다.

연극 수업을 시작할 때 가장 먼저 챙겨야 하는 것은 두려움을 넘어서는 것이다. 교사가 두려움을 넘어서면 아이들도 자연스럽게 두려움을 극복한다.

연극의 시작은 함께 만드는 극본에서부터 이루어진다

연극 수업을 하겠다고 결정하고 나면 가장 먼저 떠오르는 것이 극본이다. 극본 준비는 조금 일찍 시작하는 것이 좋다. 아이들이 극본을 준비하고 수정하는 것을 부담스러워하기 때문이다. 좋은 연극을 무대에 올리기 위해서는 좋은 극본이 필요하다. 초등 연극 수업에서 좋은 극본이란 완성도 높은 극본이기보다는 아이들의 눈높이에 가까운 극본이다. 지금까지 경험에 비추어보면 아이들은 극본의 질보다는 자신들의 선택이나 경험이 얼마나 들어 있는가에 관심을 보였다.

교사는 극본의 구성 단계가 잘 짜여 있고 주제가 분명하며 배역의 성격이 뚜렷이 드러나는 극본을 좋은 극본이라 생각할 수 있다. 그러나 아이들은 이런 극본보다는 자신들의 이야기가 들어 있는 극본을 좋은 극본이라고 생각한다.

처음 연극을 시작할 때는 내가 좋은 극본을 찾거나 극본을 각색했는데 그것이 문제라는 것을 나중에야 알아차렸다. 이후 극본을 고를 때는 아이들이 연극 활동에 얼마나 적극적으로 참여할 수 있는지를 기준으로 삼았다. 극본을 찾는 과정에서 아이들이 자신들의 수고와 노력이 들어간 극본이 좋은 극본임을 경험으로 알게 된 것이다.

처음 연극 수업 때 했던 첫 실수는 교사가 극본을 준비한 데 있었다. 그때는 아이들이 극본을 이해하거나 쓰기 어려울 것 같다는 생각에 미리 극본을 준비했었다. 교과서에 실린 극본은 분량이 너무 적어 무대에 올리기에는 어려울 것 같아 아이들의 수준을 고려하기 않고 잘 쓴 극본을 가지고 연극을 지도했다. 그런데 많은 아이들은 극본 자체를 이해하지 못했다. 해설, 지문, 대사에 대해 아이들에게 설명을 했지만 극본이 어떤 것인지 체험해보지 못한 상태에서 말로 이해를 시키는 것은 어려운 일이었다.

아이들은 극본을 머리로 이해하기보다는 연습을 하는 과정에서 감각적으로 이해했다. 해설, 대사, 지문을 설명할 때보다 연극 연습 과정에서 아이들에게 시범을 보이거나 한두 마디 조언을 했을 때 대사에 담겨 있는 의미를 보다 잘 표현했기 때문이다. 그리고 이런 활동을 통해 재미를 느끼는 아이들이 많았다. 그래서 극본을 쓸 때는 모두가 함께 참여하는 방법을 찾도록 하고 아이들이 극본을 잘 이해하지 못한다면 공연 연습을 통해 극본을 체험해보도록 하는 것이 좋다.

함께 쓰고 함께 수정하라

그렇다면 극본을 어떻게 아이들과 함께 만들 수 있을까? 이 문제를 오래 고민한 후에 내린 결론은 아이들에게 충분한 시간을 주는 것이었다. 그래서 여름방학에 극본 써 오기 과제를 내주고 개학하면 과제를 걷어두었다.

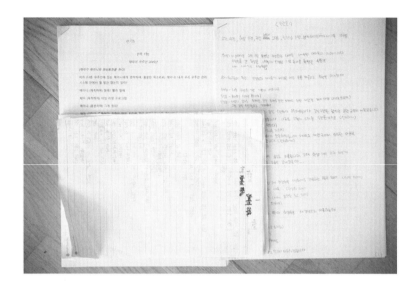

　물론 여름방학 전에 연극의 기본 요소에 대해 수업 시간에 지도를 끝내는 것이 좋다. 이렇게 과제를 제시하면 삼분의 일 혹은 사분의 일 정도 학생이 과제를 해 오는 편이다. 그러면 그 과제를 아이들 수만큼 출력해서 국어 시간에 돌아가며 읽기를 한다. 국어 단원과 관련해서는 고쳐 쓰기 시간이나 창체 시간을 활용해도 좋다. 고쳐 쓰기를 할 때는 교사가 어떤 부분을 고치는 게 좋은지 적절한 예를 몇 가지 안내한 다음 아이들이 고쳐 쓰도록 한다. 이 과정이 끝나면 다시 2주 정도 시간을 두고 극본을 써 오는 과제를 제시한다.

　과제를 제시할 때는 '각색하기', '기존의 극본을 수정하기', '우리 반의 이야기를 창작하기', '개인적으로 쓰고 싶은 내용 쓰기' 등 몇 가지

카테고리를 정해주면 방학 때보다 많은 아이들이 극본을 써 온다. 아이들이 써 온 극본을 3일 정도 전시를 하여 반 전체가 충분히 극본을 읽은 후에 투표로 두세 편을 선택한다. 그런 다음 우선순위를 두어 가장 먼저 무대에 올렸으면 하는 극본을 정하고 그 극본부터 함께 고쳐 쓰기를 한다. 아이들은 이 과정에서 자신이 극본 수정에 기여한 부분에 대해서는 크게 신경 쓰지 않고 극본 수정에 함께 참여했다는 데 큰 의미를 둔다.

원저자도 충분히 존중하라

다 함께 극본 고쳐 쓰기가 끝나면 반 아이들이 고쳐 쓴 내용을 모아 원저자에게 주어 최종 수정을 하도록 한다. 이 과정에서 극본을 처음 썼던 원저자는 반 친구들이 수정한 부분을 참고하여 극본을 다듬어간다. 교사는 이때 원고를 읽어보고 심각한 문제가 없는 한 최대한 아이들이 함께 쓰고 고친 원고를 존중해준다.

처음에는 아이들이 써 온 극본들 중에서 괜찮다고 생각된 원고를 교사가 수정했었다. 극본의 수준은 조금 더 나아졌는지는 모르겠으나 아이들은 교사가 수정을 한 순간부터 그 극본을 자신들의 것이 아닌 교사의 것으로 생각한다. 이렇게 되면 소수의 아이들은 수업에 적극 참여하지만 몇몇 아이들은 수동적으로 참여하게 된다. 아이들은 극본의 완성도보다는 자신들이 극본을 고쳐 썼다는 데 더 큰 의미를 둔다.

그런데 이렇게 극본을 수정하는 과정에서 자칫 원저자가 소외될 수 있다. 과제를 해 오지 않는 학생들도 많이 있는데 원저자는 자신의 시간과 노력을 들여 극본을 써 온 사람이다. 그 부분에 대해 크게 칭찬해 주도록 한다. 또한 친구들에게 자신의 극본이 선택됨으로 원저자가 내적 보상을 받을지 모르나 수정하는 과정에서 혹시 있을지 모르는 작은 서운함을 헤아려줄 필요도 있다.

공간에 대한 이해가 필요하다

극본이 준비되면 이후 연극 공연을 할 공간이 있는지를 확인한다. 최근 많은 학교에서는 소강당이나 무대가 있는 공간이 있는데 학교 사정에 따라 이런 공간이 없는 경우도 있다. 대강당에서 연극 무대를 올리게 될 경우 목소리가 관객석까지 전달되지 않기 때문에 대강당 공연은 지양하는 것이 좋다. 부득이하게 대강당에서 해야 할 경우에는 무선 마이크가 꼭 필요한데 이 경우 무선 마이크 사용에 대한 지도가 반드시 필요하다.

소강당에서 공연을 계획할 경우 마이크를 사용하는 것은 권하지 않는다. 소강당에서 공연을 계획할 때는 마이크보다는 배우의 발성을 지도해서 목소리를 키우는 연습을 하는 것이 좋다. 발성을 지도할 때는 관객이 없는 상황에서 나오는 목소리보다 1.5배 정도 더 크게 지도한다. 관객이 없을 때에는 목소리가 크게 울리다가 관객이 들어서면 관객이 소리를 흡수하기 때문에 자칫 배우의 목소리가 관객석 끝까지 전달되지 않는 상황이 일어나기도 한다. 배우의 발성이 끝까지 들리지 않으면 관객이 내는 소음으로 인해 관객과 무대가 분리되는 상황에 놓인다. 관객석이 웅성웅성하는 순간 무대 위의 배우는 자신의 흐름을 잃고 당황하게 된다.

교실에서의 공연은 연극 공연을 하는 배우의 입장에서는 부담이 덜 될 수 있다. 그러나 스태프의 역할이 줄어들고 관객과 무대가 너무 가까이 있어 공연의 흥미가 떨어질 수 있다. 부득이한 경우 교실 공연도 가능하나 공연 전 연극을 관람할 관객들에게 관람 예절을 지도하는 것이 필요하다.

공연 장소와 공연의 횟수를 결정해야 한다

극본이 준비되고 공연할 장소를 마련했다면 교사는 언제 공연할지, 몇 회를 공연할지, 관객을 누구로 할지를 결정해야 한다. 공연은 2회 공연을 추천한다. 2회 공연을 했을 경우 1회 공연으로 끝내는 것보다 변수를 줄일 수 있기 때문이다. 간혹 여러 역할을 하고 싶어 하는 아이들이 있다. 배우도 하고 싶고 스태프도 하고 싶은 아이들이나 꼭 주연 배우를 하고 싶어 하는 아이들도 있다.

이때 2회 공연을 하면 연습을 하는 과정에서 충분히 연습이 이루어져 서로 다른 역할을 잘 소화해낸다. 한 예로 음향을 맡고 싶어 하는 두 학생이 있어 서로 끝까지 양보를 하지 않아 난감했던 적이 있었다.

결국에는 각 회차에 따라 각자 준비한 음향으로 공연을 마치기도 했다. 그리고 꼭 하고 싶은 배역을 두고 두 사람이 양보하지 않은 경우도 있었는데 이때는 회차를 나누어 공연하기도 했다. 한 번은 배역을 맡았는데 그 전날 사고가 있어 공연에 참여하지 못해서 다른 친구가 그 역할을 수행했던 적도 있다. 이런 이해관계나 언제 일어날지 모를 돌발상황에 대처하기 위해서라도 2회 공연을 추천한다.

누구를 대상으로 공연할 것인가를 결정해야 한다

연극의 3요소는 무대, 배우, 관객이다. 지금까지는 무대와 배우에 대한 이야기를 했다면 이제는 관객을 결정해야 한다. 물론 이 과정에서도 교사가 일방적으로 결정하기보다는 아이들과 함께 결정하는 것이 좋다.

연극 수업에서의 주요 관객은 크게 같은 학년, 동생 학년, 학부모로 구분된다. 같은 학년인 경우 연습 과정에서 충분히 공연에 대한 호기심과 궁금함이 있었기에 공연의 호응도가 높은 편이다. 그러나 동생 학년인 경우는 4학년 이상을 관객으로 수용하는 것이 좋다. 3학년 이하인 경우에는 무대에 집중하기가 어렵다.

학부모 관객인 경우에는 공연 시간을 저녁으로 바꾸지 않는 한 초대가 힘들다. 만일 공연 시간을 저녁으로 바꿀 경우에는 좀 더 세심한 계획이 필요하다.

연극 공연 홍보에 대한 계획이 필요하다

연극 공연을 결정하고 나면 공연을 알리는 작업이 필요하다. 포스터를 활용할 것인지, 초대장을 만들 것인지, 아니면 둘 다 활용할 것인지를 생각해야 한다. 포스터의 경우 아이들이 직접 만들 것인지, 출력물을 이용할 것인지를 결정해야 한다. 아이들이 직접 만드는 경우에는 홍보가 잘 될 만한 장소를 찾는 것이 필요하고 대량으로 출력할 경우에는 공연 후 처리 계획까지 분명해야 한다.

포스터나 출력물은 관람을 할 학년이 있는 복도를 중심으로 게시하고 공연장 주변에도 게시한다. 초대장의 경우는 초대할 대상을 정한 다음 적절한 분량으로 만들어서 배부한다. 만일 학부모를 초대하거나 선생님들을 초대할 계획이라면 연극 안내 팸플릿을 인원에 맞게 만들면 좀 더 격식 있는 공연 준비를 할 수 있다.

02
본격적인 연극 수업을 위한 사전 지도

연극은 개인이 혼자 꾸릴 수 있는 무대가 아니다. 교사는 아이들에게 이 사실을 꼭 주지시켜야 한다. 또한 교사는 우선 아이들이 원하는 욕구에 귀 기울여야 한다. 배우를 하고 싶은 학생의 욕구와 무대를 꾸미고 싶은 아이들의 욕구 등 교실에서 솟아나는 다양한 욕구를 들은 후에 아이들에게 자신들의 욕구를 표현하기 위해 해야 할 것과 할 수 있는 것을 가르치도록 한다.

이 과정에서 연극은 서로 간의 협력이 필요한 일이며 어떤 사람들이 연극을 만드는지 안내하는 과정이 필요하다. 연출, 배우, 스태프 등 각 역할이 연극의 구성에 어떤 영향을 미치는지 사전에 설명해주는 것이 좋다. 이때 아이들은 배우를 할 것인지, 스태프를 할 것인지, 연출을 맡을 것인지를 생각할 수 있다. 이렇게 사전에 지도를 한다면 아이들이 연극의 의미와 자신들이 해야 할 일에 대해 쉽게 이해하는 데 도움이 된다.

연극을 만들어가는 사람들에 대한 지도가 필요하다

연극 수업을 하겠느냐고 아이들에게 물어보면 대부분의 경우 아이들은 흔쾌히 동의한다. 개인적인 경험으로는 한 번을 제외하고는 모두가 연극 수업을 하기를 원했다. 연극 수업을 하겠다고 결정한 다음 아이들에게 하고 싶은 역할을 물어보면 배우를 원하는 학생들이 많았다. 아이들에게 연극 무대를 어떤 사람들이 만드는지 안내하는 과정이 필요하다.

연출자

교사의 입장에서 연출자를 정하는 것은 중요한 일이다. 연극 수업을 잠시 중단했던 이유가 스스로가 연출자가 되어 아이들을 다그치는 상황을 경험했기 때문이었다. 그때 나는 교사가 아니라 무대 감독이 되어 아이들을 억압했었다. 아이들을 행복하게 하기 위해 연극 수업을 구상했는데 어느 순간 아이들을 닦달하고 있는 내 모습을 보고 한동안 연극 수업을 하지 못했다. 이후 연극 수업에 대한 생각이 정리되면서 반드시 아이들 가운데 연출자를 세워야겠다고 다짐했다.

연출자는 연극 수업에 참여하는 모든 학생들을 조화롭게 아우를 수 있는 리더십이 있는 학생이 좋다. 교사는 연출을 맡은 학생에게 연출자는 관객을 대표하며, 연극 무대 전체를 아우르는 역할이라고 안내한다. 처음 연극을 시작할 때는 교사가 먼저 한두 번 총감독의 역할을 보여주어 연출자의 역할을 이해하도록 돕는다.

배우

하나의 역할을 여러 아이들이 하고 싶어 하는 경우에는 그 역할을 원하는 아이들에게 연습할 시간을 주고 반 친구들 앞에서 오디션을 보도록 한다. 오디션을 본 후 반 학생들의 의견을 듣고 제일 잘 어울릴 만한 학생에게 배역을 준다. 혹 배역에서 떨어진 다른 학생이 역할에 대한 고집을 꺾지 않는다면 배역을 고정시켜두지 않고 아래와 같이 역할의 우선순위를 안내하는 것이 좋다.

"이 역할은 우선적으로 친구들의 투표를 제일 많이 받은 A가 하도록 하자. 그런데 B도 계속 연습을 해두면 좋겠다. 나중에 혹시 A가 연극을 진행하지 못하게 되면 그때는 B가 할 거야. 또 부모님들이 관람하러 오실 때는 두 사람이 한 번씩 나누어서 공연을 할 거야. 이해했니?"

지금까지 연극 수업의 경우, 처음 배역을 맡은 아이가 아닌 두 번째 순위의 학생이 무대에 오른 경우가 여러 번 있었다. 이처럼 여러 상황이 올 수 있으니 역할을 고정시켜두지 않는 것이 좋다. 또 배역을 정할 때는 현재의 능력보다 가능성에 대한 기준으로 역할을 정하는 것도 좋은 방법이다.

스태프

처음 연극 수업을 시도하는 선생님들이 부딪히는 어려움 중 하나가 배우와 스태프를 나누는 것이다. 선생님들은 '모두가 배우만 하려고 하면 어떻게 하지?', '스태프를 어떻게 자발적으로 하게 하나?'에 대해 고민하게 된다. 개인적으로는 학생들이 스태프의 역할에 관심을 보이지 않을 때, 스태프의 역할이 의미 있다는 것을 가르치기 위해 2005년 청룡영화제 남우주연상을 수상한 배우 황정민의 수상 소감을 인용하기도 했다. 아래는 배우 황정민의 수상소감이다.

저한테도 이런 좋은 상이 오는 군요. 우선 마음속으로 표현 못했는데 하나님께 감사드립니다. 저는 사람들에게 그래요. 일개 배우나부랭이라고. 왜냐하면 60여 명 정도 되는 배우들과 스태프들이 이렇게 멋진 밥상을 차려놓아요. 저는 그냥 맛있게 먹기만 하면 되는 거거든요. 그런데 스포트는 제가 다 받아요. 그게 저는 죄송스러워요. 제가 한 것은 이 역할의 발가락 몇 개만 떼어 가면 될 것 같아요. 나머지는 다 그분들의 것이에요. 또 스태프와 감독님한테 너무 감사드리고요. 그리고 영화사 대표님과 피디 그분들께 감사드려요. 그리고 제 옆에 있는 것만으로 설레게 하는 상대역의 배우에게 감사드립니다. 그리고 가족들과 친지들께 감사드립니다.

"얘들아, 무대가 끝나면 관람객들은 배우가 열심히 한 줄 알아. 그러나 우리는 배우들뿐 아니라 이 무대를 준비한 모두가 함께 만든 연극이란 것을 알아야 해. 혹시 너희들 중에서 나는 배우를 하고 싶은데 못하게 된 사람이 있어도 서로 격려하고 열심히 무대를 꾸몄으면 좋겠다. 이 모든 과정이, 우리 모두가 성장하는 기회가 되어줄 거야."

처음 3년 동안 연극을 시작했을 때의 실패를 거울 삼아 다시 연극을 시작했을 때, 아이들에게 솔직하게 과거의 실패를 이야기하고 배우와 스태프를 정하기 전에 부탁을 했다.

"지난번에 말했던 것처럼 우리 반 모두가 연극에 참여할 거야."

"어떻게 참여해요? 역할은 일곱 명밖에 없잖아요?"

"천천히 한 번 생각해보자. 우선 공연을 더 짜임새 있게 하려면 소품이 필요하겠지?"

"네!"

"그럼 누가 소품을 만들지?"

"그림 잘 그리거나 잘 만드는 사람이요."

"그렇구나. 그럼 연극에서 막과 장을 구분할 텐데 조명을 누가 하면 좋을까? 음향도 필요하지 않을까? 무대 소품을 옮기는 사람도 필요하지 않을까?"

"네. 필요해요!"

아이들은 이 과정을 통해 한 편의 연극을 올리기 위해서는 배우만 필요한 것이 아니라 배우보다 더 많은 스태프의 역할이 필요하다는 것을 배워갔다.

실제 연극 관람을 통한 연극에 대한 이해가 필요하다

연극 수업을 지도하다 보면 교사의 머릿속에는 전체 그림이 그려져 있지만 아이들은 전체 그림 없이 교사의 안내에 따라 한 걸음씩 배워 가게 된다. 이런 상황에 놓일 때 아이들이 수업에 참여하는 태도가 흐트러질 때가 종종 있다. 아이들이 연극 수업에 몰입하기 원한다면 실제 연극 관람을 추천한다. 아이들이 볼 만한 연극은 한두 달 전 미리 공연 일정을 참고하는 편이 좋다. 우리 반의 경우는 대학로에 있는 소극장을 자주 찾아갔는데 소극장의 공연은 주로 오후부터 시작한다. 사전에 예약을 할 경우 특별 공연 형태로 단체관람이 가능하다. 사전에 이와 관련된 내용을 공연 측과 조율하면 된다. 연극 공연을 보러 가기 전에는 배우와 스태프에게 질문할 거리를 준비하게 했다. 그리고 답사를 갈 때 극단 측에 공연을 마치고 아이들이 질문할 시간을 달라고 부탁을 하면

그리 어렵지 않게 들어주었다. 아이들이 연극 공연을 보고 온 이후부터
는 연극 수업에 임하는 태도가 확연히 달라졌던 것을 기억한다. 그 이
전까지는 교사의 주도적인 안내로 연극 수업이 진행되었다면 연극 공
연을 보고 온 이후부터는 아이들이 적극적으로 공연을 준비했다.

혁신학교에서 근무할 때는 학년별 혹은 학급 단위로 공연을 체험할
수 있는 기회가 많았다. 동학년 단위로 혹은 학급에서 계획을 세우고
절차를 밟으면 아이들을 밖으로 데리고 나가는 것이 어렵지 않아 쉽
게 공연을 관람할 수 있었다. 만일 학교의 사정으로 공연 관람이 어려
울 경우 아이들이 만든 연극 공연 영상을 보여주어도 좋다. 어느 해인
가 학교 사정으로 공연 관람을 하지 못하고 연극 수업을 준비한 적이
있었다. 아이들에게 연극 공연을 보여주고 싶었지만 여의치 않아 이전
선배들이 공연한 영상을 보여주고 아이들에게 필요한 내용을 질문을
섞어 수업을 진행했다. 실제 공연의 생동감은 떨어지지만 오히려 자신

연극, 수업을 바꾸다

들에게 익숙한 선배들이 공연한 내용을 보고 자극을 받아 더 열심히 참여한 적도 있다.

연극 공연을 관람하기 전 교사가 준비해야 할 것은 좋은 공연을 찾는 것이다. 우리나라 연극 공연이 대부분 성인을 중심으로 한 공연이 많아 아이들 수준에 적절한 공연을 찾는 것이 쉽지 않다. 적절한 공연을 찾는다 해도 극장의 상황이나 사정에 따라 조율하는 것이 어려울 수 있기 때문에 사전에 충분히 조사하는 것 좋다. 보통 체험학습을 준비한다고 하면 여름방학이나 9월 초순부터 찾아보는 것이 이후의 일정을 진행하는 데 어려움이 없다. 연극 공연 섭외를 할 때는 아이들의 연령에 적합한 공연인지, 사전에 지도해야 할 내용이 없는지 등을 극단 측에 물어본 후 팸플릿의 내용을 간단하게 정리해서 관람 전에 아이들을 지도하는 것도 좋은 방법이다.

모두가 함께 만들어가는 작품이라는 것을 안내한다

연극 공연을 준비하다 보면 대부분의 아이들은 어느 한 영역에서 역할을 할 만한 부분이 있지만 간혹 어떤 역할도 맡기 어려운 아이가 있을 수 있다. 때로는 아이 스스로 역량이 되지 않아 아무것도 못하는 경우도 있고, 개인적인 성격의 문제로 어떤 역할을 맡기 어려운 경우도 있다. 이 경우에도 학급 전체 아이들과 협의를 통해 그 학생의 역할을 찾아주는 것이 필요하다.

연극을 진행하면서 막과 배경을 준비할 때 있었던 일이다. 막을 준비하는 과정에서 모둠별로 협동화 작업을 하기로 했다. 그런데 아이들이 협동화 작업을 이해하지 못하고 각기 저마다의 생각으로 작업을 했다. 그러다 보니 자연스럽게 일벌레와 무임승차자가 생겼다. 주로 남학생들이 그런 경우가 많았는데 그런 아이들은 기능이 부족하니 다른 아이들의 작업에 도움이 되지 못하고 작업하는 아이들 주변에서 어슬렁거리기 일쑤다. 그러면 열심히 작업하는 아이들은 걸리적거린다고 한 마디씩 하게 된다. 그렇게 서로 마음이 상해서 전체적으로 부정적인 영향을 끼친 경험이 있었다.

이처럼 전체 협력이 필요한 프로젝트를 진행하다 보면 부딪히는 문제 중 하나가 '무임승차자'와 '일벌레'에 대해 어떻게 지도할 것인가이다. 이를 자세히 들여다보면 각각 크게 두 가지 형태로 나눌 수 있다.

무임승차자의 경우 하나는 능력이 되지 않아서 무임승차를 어쩔 수 없이 하게 되는 경우가 있고, 다른 하나는 능력은 있는데 친구들과의 관계 문제나 수업에 흥미가 없어 무임승차를 하는 경우이다. 능력이 없어 무임승차를 하게 되는 경우는 최소한의 역할을 찾아주는 것이 필요하고, 능력이 있지만 다른 이유로 무임승차를 하는 경우는 학급회의를 통해 모두가 인정할 만한 수준의 역할을 제시하는 것이 가능하다.

일벌레가 생기는 원인으로 첫 번째는 본인이 여러 가지를 하고 싶은 능력이 있고 또 여러 역할을 원해서 생기는 경우다. 이때는 교사가 적절하게 개입을 해서 두 가지 이상의 역할을 하지 않도록 설득하는 편이 좋다. 처음에는 모두 다 잘할 수 있을 것 같지만 장기적인 프로젝트라 중간에 여러 변수들이 등장하기 때문에 충분히 소화가 가능한 두 가지 역할 정도만 수행할 수 있게 안내하는 것이 좋다. 두 번째는 본인은 원하지 않는데 주변의 분위기에 휩쓸려 여러 역할을 수행해야 하는 경우다. 이 과정에서는 전체 회의를 통해 모두가 납득할 때까지 서로의 이야기를 들어보는 과정이 필요하다.

한 번은 아이들 사이에 문제가 생겨서 바로 전체 회의를 연 적이 있었다. 아이들의 이야기를 충분히 듣고 난 후 어떻게 해결하면 좋을지 물었다. 그러고는 아이들의 이야기를 수용하여 무대 작업을 할 때 세분화해서 역할을 나누었다. 먼저 무대 감독은 배경을 작업할 때 전체 장면을 생각해야 하기 때문에 어느 정도 밑그림을 그려낼 수 있는 아이에게 기본 콘티를 짜오도록 했다. 배경에 대한 기본 콘티가 나오면 그림으로 표현할 수 있는 아이들에게 역할을 안내하고, 작업 능력이 되지 않는 아이들은 친구들의 잔심부름을 돕도록 했다. 다만 잔심부름을 하는 아이들에게는 심부름을 하는 틈틈이 자신이 하고 싶은 배역이나 역할에 대해 생각해보도록 했다.

연극 수업은 긴 호흡으로 진행하는 수업이기에 중간 중간 전체 회의를 해서 모두가 함께 참여할 수 있도록 해야 한다. 일벌레나 무임승차자의 경우도 이런 회의를 통해 자신의 생각을 수정하는 기회를 제공했더니 쉽게 받아들였다.

연극은 혼자 완성할 수 없는 활동이기 때문에 아이들과 함께
연극에 대해 충분히 이야기를 나눈 다음 연극 수업을
시작해야 한다. 첫 시작부터 연극 수업은 교사가 만들어가는
수업이 아니라 모두가 참여하고 결정해서 만들어가는
수업이라는 것을 아이들에게 가르칠 필요가 있기 때문이다.

Part 3
연극 수업의 단계별 지도

후배가 연극 수업을 진행해보겠다고 말한 지 한 달 후 책모임에서 다시 연극 수업과 관련해서 이야기를 나누었다.

"아이들하고 연극을 하겠다고 했지? 시작했어?"

"아뇨. 다음 주쯤 이야기하려고요. 그런데 어떻게 시작해야 할지 잘 모르겠네요. 선배는 아이들에게 연극 수업을 하겠다고 어떻게 말했어요?"

"나 같은 경우는 방학 전에 미리 과제를 낼 때 '2학기에는 연극을 할 거야.'라고 말하고 시작했지. 아이들은 그냥 그러나 보다 했고. 그런데 생각해보니 J선생도 처음 시작하는 수업이고, 아이들도 전혀 모를 테니 연극 수업을 설명하는 중간 과정이 필요하긴 할 것 같네."

"그게 고민이 되네요."

한 번도 생각해보지 못한 질문을 받고 잠시 생각에 잠겼다.

"혹시 내가 녹화했던 작년 우리 반 영상이 있는데 이걸 한 번 활용해볼래?"

"보내줄 수 있으세요?"

"대신 J선생 반만 보고 영상은 지우면 좋을 것 같아. 요즘 하도 저작권이니 뭐니 해서 신경이 쓰이네."

"네. 고마워요. 그럼 영상을 보여주고 나서 시작해볼게요."

나중에 들으니 후배는 영상을 보여주고 '우리 이렇게 해보면 어떨까?'라고 말하며 연극 수업을 시작했다고 한다. 이렇게 참고 영상이 있으면 연극 수업을 시작하는 데 도움이 될 수 있지만, 영상이 없을 경우에는 아이들과 일상적인 대화로 수업을 시작해도 크게 문제가 되지 않는다.

01
아이들과 함께 만드는
연극 시작하기

"혹시 연극이 무엇인지 아는 사람 있니?"

"배우가 무대에서 활동하고 보여주는 것을 연극이라고 합니다."

"오, 잘했어. 지금 이야기 중에 중요한 단어가 두 개 나왔는데 어떤 단어인지 알겠니?"

"배우요."

"맞았어. 또 있는데?"

"활동?"

"활동도 중요하지만 다른 단어를 생각해보자."

"무대?"

"그래, 잘했어. 연극은 배우와 무대가 중요한 역할을 해. 그럼 배우가 하는 일이 무엇인지 말해볼 수 있을까?"

"…."

"아는 사람 없니? 배우는 연극을 하는 사람이라고 이해하면 좋아. 앞으로 너희들이 무대에서 어떤 역할로 활동하게 되는 사람을 말하는 거야. 그럼 관객은 어떤 역할을 하는 것 같니?"

"연극을 보는 사람이에요."

"그래. 맞아. 관객은 배우의 연기를 보는 사람이야. 우리 연극을 보러 오는 사람이 관객이지. 그런데 관객에게도 역할이 있어."

"어떤 역할이요?"

"관객은 배우의 연기를 보는 사람인데 관객의 역할이 연극에서 중요하게 쓰인단다. 그럼 관객의 역할에는 어떤 것이 있을까?"

"잘 보는 거요?"

"어떻게 보는게 잘 보는 걸까?"

"예절을 지키는 거요."

"그래, 잘했어. 그럼 관객으로서 지켜야 할 예절에는 어떤 게 있을까?"

"조용히 하는 거요."

"휴대전화 끄는 거요."

"사진 찍지 않는 거요."

"그래. 나중에 너희들이 연극 무대를 올릴 때에는 연극이 시작하기 전에 관객에게 이런 내용을 안내할 수 있어야 해."

"네!"

"그럼 무대는 뭘까?"

"배우가 연기하는 장소요."

"예를 들면?"

"강당 같은 거요."

"단이 있는 거요."

"배우가 관객석에서 연기할 때도 있지 않아? 누가 한 번 무대가 어떤 역할을 하는지 말해볼래? 무대는 배우들이 연극을 하는 공간인데, 형태는 다양하지. 예를 들어 길거리 무대도 있고, 지하철 같은 데도 있겠지?"

"네. 맞아요."

"그래. 이처럼 연극에서의 무대는 배우가 연기를 하는 어느 곳이든지 무대라고 할 수 있단다."

"네!"

"배우, 관객, 무대. 이걸 연극의 3요소라고 하는데 여기에 희곡을 추가하면 연극을 할 수 있는 요소가 갖추어지지. 희곡은 배우의 연기를 위해 쓰인 극본을 말해. 앞으로 국어 시간에 극본과 관련해서 배운 다음 너희들이 실제로 극본을 써볼 거야. 그런 다음 다 같이 한두 편의 극본을 선택하고, 극본을 수정해서 그 극본으로 연극을 무대에 올릴 거야. 지금은 어렵겠지만 선생님이 안내하는 대로 열심히 참여해주면 고맙겠다."

수업에서 아이들에게 연극의 3요소를 판서하고 외우기보다 대화를 하면서 혹은 연기를 하는 것처럼 묻고 답하는 과정에서 아이들이 연극의 3요소를 이해할 수 있도록 자주 상기시켜주었다. 이렇게 첫 시간을 보내고 본격적으로 아이들과 연극 프로젝트를 시작했다. 우선 2주 정도 여유를 두고 극본을 준비해 올 수 있도록 과제로 내주었다.

"얘들아 지난번 방학 과제로 극본 써 오는 것 있었지? 어땠어?"

"힘들었어요."

"그래. 힘들었구나. 그래도 A는 써볼 만하지 않았어?"

"네. 괜찮았어요."

"그렇지. 그래서 말인데 선생님은 너희들의 경험을 살려서 연극 수업을 해보고 싶은데 너희들 생각은 어때?"

"네! 좋아요. 해요!"

몇몇 학생들은 해보고 싶다는 반응을 보였지만 많은 학생들은 침묵으로 교사의 다음 이야기를 기다렸다.

"너무 어렵지 않을까요?"

"공연을 해요?"

"언제해요?"

"예상으로는 12월 중순 이후에 공연을 생각하고 있는데 어때? 한 번 해보지 않을래?"

아이들이 써 온 극본 가운데서 우선 세 편의 극본을 선정했고, 함께 극본을 수정하는 가운데 자연스럽게 〈전학생의 비밀〉이 선정이 되었다. 극본을 써 오고 수정하고 선정하는 데 약 한 달이 걸렸던 것 같다. 이렇게 이런저런 대화로 아이들과의 첫 연극 수업이 시작되었다.

02
0단계 : 자기소개하기

먼저 본격적인 연극에 들어가기 전에 아이들이 자연스럽게 연극의 한 부분에 참여할 수 있는 활동을 했다. '자기소개하기'는 다른 사람들에게 익숙하지 않은 자신의 모습이나 혹은 익숙한 자신의 모습을 말하는 활동이다.

"자, 그럼 이제 연극 수업을 시작하기 전에 우리 모두 배우로 혹은 스태프로 참여할 텐데 친구들에게 새로운 나를 소개하는 시간을 가졌으면 좋겠다. 우리 서로 잘 알고 있지만, 친구들이 나를 조금 더 자세히 알 수 있도록 소개하기로 하자. 소개하는 방법은 이렇게 하면 좋을 것 같다. 예를 들어 '나는 ○○을 좋아하는 누구입니다'라고 소개해보는 것은 어떨까?"

교사는 아이들이 행동을 통해 자신을 소개할 수 있도록 한다. 말과 행동을 같이 표현할 수 있게 하고 내가 좋아하는 것, 나의 특성을 보여줄 수 있으면 좋다. 이때 이름을 말하지 않고 별명이나 캐릭터로 표현하도록 하자. 자신을 소개할 수 있는 시간은 1분 정도면 충분하다.

아이들은 무엇을 말해야 할지 잘 모르거나 할 것이 없다고 말하기도 한다. 그럴 때는 아이들이 서로 이야기할 수 있는 분위기를 허용하고 격려한다. 무엇을 말해야 할지 생각이 나지 않을 경우에는 집에서 나를 어떻게 부르는지, 친구들은 나를 뭐라고 부르는지를 떠올리게 하도록 한다.

"나는 채소밭에서 자라고 있는 채소입니다."

"왜 그렇게 표현했어?"

"채 씨이기도 하고, 현재 성장하고 있다는 표현을 하고 싶었어요."

"그래 잘했다. 앞으로 채소는 연극 공연을 할 때 뭘 해보고 싶어?"

"…."

"그래. 알았어. 천천히 생각해보기로 하고 또 다음 사람?"

"나는 오버를 잘하는 고속 토끼입니다."

"그렇게 캐릭터를 표현한 이유가 있니?"

"저는 자주 오버하고, 토끼가 빨라서 표현하고 싶었습니다."

"오버를 잘하는 고속 토끼는 뭘 해보고 싶니?"

"저는 배우를 해보고 싶습니다."

"나중에 극본이 나오면 해보고 싶은 역할을 한 번 찾아봐. 또 다른 사람?"

"저는 송도에서 태어난 송이버섯만 한 송사리입니다."

"선생님도 이름과 관련해서 비슷한 경험이 있어 잘 알 것 같구나."

"네. 이름에 송이 들어가서 표현했습니다."

연극을 시작할 때는 아이들이 자신들이 했던 과제로부터 질문을 할 수 있도록 한다. 아무런 연관이 없는 상황에서 질문을 시작하기보다는 '우리 선생님이 이런 계획이 있었구나.' 정도를 생각할 수 있는 상황에서 제안을 하고 연극과 관련해서 아이들이 꼭 알았으면 하는 내용의 질문을 함께 이야기하는 것이 좋다.

03

1단계 : 연극 구성원에 대한 이해

　연극은 혼자 완성할 수 없는 활동이기 때문에 연극 수업을 시작할 때 교사 혼자 결정하는 것은 적절하지 않다. 아이들과 함께 연극에 대해 충분히 이야기를 나눈 다음 연극 수업을 시작하도록 한다. 대부분의 아이들은 연극에 대해 그리 많이 알고 있지 않다. 그럼에도 아이들과 함께 이야기를 풀어나가는 것이 중요한 이유는 첫 시작부터 연극 수업은 교사가 만들어가는 수업이 아니라 모두가 참여하고 결정해서 만들어가는 수업이라는 것을 아이들에게 가르칠 필요가 있기 때문이다.

연출자

　교사의 입장에서 매우 중요한 역할이다. 처음 연극 수업을 시작했을 때 회의가 들었던 이유가 연출을 맡았을 때, 교사가 아닌 무대 감독의 입장에서 아이들을 몰아세웠기 때문이다. 아이들과 행복한 시간을 보내기 위해 연극 수업을 구상하고 시작했는데 어느 순간 아이들을 다그치고 있는 자신의 모습을 보고 한동안 연극 수업을 하지 않았다. 이후 연극 수업에 대한 생각이 정리되면서 반드시 필요한 역할이 학생 연출자라는 것을 알게 되었다.

작가

극본을 쓰는 사람이다. 연극 수업에서 극본을 쓸 때는 글쓰기가 뛰어난 소수의 아이들에게 맡기는 방법과 학급 구성원 모두가 참여하는 방법이 있다. 극작가를 할 만한 학생을 선별하여 극본 쓰기를 맡길 때는 빠른 시간 안에 비교적 완성도가 높은 극본이 나올 수 있다. 그러나 이 과정에서는 소수의 학생들만 극본에 관여하기에 다른 학생들은 자연히 무임승차를 하는 상황이 발생한다.

학급 구성원 모두가 참여하는 방법은 과제를 제시하고 수합하고 수정하는 과정에서 시간이 많이 걸리는 편이다. 대신 모두가 극본 쓰기에서부터 참여하기 때문에 연극에 대한 관심이 높아진다. 또 이 과정에서 자연스럽게 총연출자를 세울 수 있다. 극작가의 역할은 극본이 완성된 후 공연이 진행되는 과정에서도 수정과 보완이 가능할 수 있도록 열어두는 편이 좋다. 다만 최종 리허설 단계에서는 변형

되지 않도록 한다.

배우

배우의 역할은 활동적이며 자기 표현하기를 좋아하는 아이들이 주로 맡을 수 있다. 그러나 의외로 평소에는 소극적인 성향을 보이나 그 내면에 자기 표현의 욕구가 있는 아이들도 배우의 역할을 잘 수행한다. 이런 학생들은 평소에는 조용히 지내는 듯 보이지만 친구들의 지지나 혹은 교사의 지지를 받는 순간 최선을 다해 내면의 끼를 표현한다. 평소 본인의 성격과는 다른 역할을 마치 가면을 벗어던지듯 무대 위에서 자신의 감정을 쏟아내는 아이들도 있다.

스태프

학급 구성원 모두의 참여가 필요한 역할이다. 사소한 역할이라도 모든 아이들이 참여할 때 연극 수업의 진정한 면목을 볼 수 있다. 배우 역할을 하는 아이들은 주로 대사를 외우고 감정을 표현하는 데 힘을 쏟는다. 스태프의 역할을 하는 아이들은 대사와 대사 혹은 배우의 연기 사이에 자신들의 역할이 있다는 것을 배우게 된다. 막과 막 사이에 소품을 치우고 설치하기 위해서는 짧은 순간 어떻게 물건을 치우고 준비할지를 생각해야 한다. 또 막과 막 사이에 조명이 꺼지고 켜지는 순간, 배우의 감정을 관객에게 음향으로 전달하는 것은 모두 스태프의 역할이다. 배우의 연기를 돋보이게도 할 수 있고 우습게도 만들어버릴 수 있는 것이 스태프의 역할이다. 스태프를 하는 아이들에게는 이런 부분에 대한 구체적인 지도가 필요하다.

04

2단계 : 연극 준비 및 역할 안내하기

연극 수업을 진행하는 과정에서 교사는 아이들이 각자 맡은 역할에 따른 책임에 대해 설명을 해줄 필요가 있다. 연출자는 다른 역할보다 우위에 있는 사람이 아니며, 각자 맡은 역할에 따른 책임이 있다는 것과 배우와 스태프의 관계도 마찬가지라는 것을 아이들이 잘 이해하고 있어야 한다.

극본 정하기

아이들에게 과제를 제시해서 그중에서 극본을 정할 수 있다. 아이들에게 예전에 공연했던 극본을 나누어주고 기존에 나와 있는 극본을 토대로 수정하거나 새로운 극본을 창작하는 과제를 제시한다. 그리고 과제로 낸 극본을 아이들 인원수만큼 인쇄하여 읽는다. 아이들이 읽고 난 후 공연을 할 만한 극본을 두세 편 선정한다. 선정된 극본을 다시 나누어주고 다 함께 수정한다. 수정 과정을 거친 다음 한두 편을 선정해서 공연할 극본을 결정한다.

연출자 결정하기

연출자의 역할에 대해 아이들과 충분히 이야기를 나눈 다음 아이들의 의견을 반영해서 결정한다. 연출자는 관객을 대표하는 자리라고 할 수 있다. 그래서 아이들을 조화롭게 아우를 수 있는 리더십이 있는 학생이 좋다. 연출자는 극본을 쓰고 수정하는 과정에서 맡을 만한 인물이 나타나기도 하고 자원하는 아이들에게 역할을 맡기기도 한다.

연출자가 결정되면 반 전체의 합의를 거쳐 연출자의 조언에 충실히 따를 것을 당부하고 연출자에게 권한과 의무를 부여해준다.

배우 및 스태프의 역할 안내하기

배우와 스태프는 모두가 동등한 위치라는 것을 이해해야 한다. 그리고 연극을 준비하는 과정에서 아이들이 감정을 다치는 일이 없도록 주의해야 한다. 배역을 정할 때는 배역에 대한 연습을 통해 전체 의견을 받아들이는 것이 좋다.

배역을 선정할 때는 현재의 능력보다 가능성을 보고 정하는 것도 의미가 있다. 또 한 배역에 여러 학생이 경합할 경우에는 배역을 고정하기보다 공연 횟수를 늘리거나 배역을 맡은 학생이 중도 하차할 경우를 대비해서 역할의 순서를 정한다.

스태프의 역할은 크게 조명, 음향, 소품 담당으로 나눌 수 있다. 음향을 맡게 될 학생들에게는 극본을 읽으면서 연극의 분위기에 적절한 음악을 찾도록 안내한다. 음악의 선정은 전적으로 담당 학생에게 맡기되 어려움이 있을 경우 교사가 도와주거나 학급회의를 통해 선정해도 좋다.

조명은 교실에서 공연할 때는 크게 비중을 차지하지 않지만 소강당이나 무대가 준비된 장소에서는 막을 구분하는 중요한 역할을 한다. 우선 공연 공간을 완전하게 암막 처리하는 것이 필요하다. 조명은 먼저 불이 꺼진 후 완전히 빛이 차단될 때 더 효과적이다. 조명을 맡은 학생에게는 이 점을 알려주도록 한다.

소품 담당을 하게 될 학생들은 각 장면에서 필요한 소품의 순서를 정해서 누가 어느 장면에서 배치하고 치울지를 결정해야 한다. 막이 바뀌거나 장면이 바뀌어 소품을 교체해야 할 상황에서는 공연에 방해되지 않도록 신속하게 움직여서 무대를 준비해야 한다. 무대에서 실수가 없으려면 장면에서 필요한 소품의 개수와 그 소품을 맡을 학생들의 번호를 정해서 움직이는 것이 좋다.

연극, 수업을 바꾸다

05

3단계 : 연극 연습하기

아이들이 연극에 협조적으로 참여하는 데 동의하고 극본이 준비되면 아이들은 "우리 언제부터 연습해요?"라는 말로 연극할 준비가 되어 있다고 표현한다. 학생들은 극본에 익숙해지기 위해 극본을 여러 차례 읽는 것이 필요하다. 교사는 극본 읽기가 어느 정도 마무리되면 막과 장을 중심으로 큰 움직임을 설명한다. 발단, 전개, 위기, 절정, 결말의 흐름이 어떻게 진행되는지를 설명한 후 각 장면별로 아이들의 작은 움직임들을 지도한다.

첫 연습을 할 때는 교사가 조언을 하고 이후 연습부터는 총연출을 맡은 학생이 조언할 수 있도록 한다. 각 장면별 움직임은 처음에는 배우를 중심으로 연습한 다음 스태프와 함께 연습한다. 각 장면별 연습이 익숙해지면 처음부터 끝까지 흐름을 따라 연습한다. 최종 리허설 때는 혹시 일어날 수 있는 변수에 대해 점검하고 본 공연을 할 때는 아이들이 긴장하지 않도록 한다. 실수를 했을 때는 실수를 표내지 않도록 지도한다. 관객들은 연극의 흐름이 끊기지만 않는다면 배우가 실수한 것을 모르니 실수를 하더라도 당황하지 않는다면 자연스럽게 연기를 이어갈 수 있다.

극본 읽기

극본은 수차례 읽기가 필요하다. 극본 읽기에는 크게 세 가지가 있다.

첫째, 내용 파악을 위한 읽기다. 먼저 모든 구성원이 돌아가며 내용 파악을 위해 연극 극본을 읽는다. 이때는 모든 구성원이 연극의 흐름을 이해하는 데 목표를 두고 두세 차례 읽는다.

둘째, 배우의 캐릭터를 파악하며 읽기다. 각 배역의 캐릭터를 찾아가며 읽는 활동인데 아이들은 인물의 말과 행동을 파악하면서 이 인물이 어떤 성향과 성격을 가진 사람인지를 극본을 통해 배워간다.

셋째, 배역 선정 후 읽기이다. 각 배역이 정해지면 그 배역에 따라 대사를 읽는다. 대사가 충분히 이해될 수 있도록 읽고 난 후 각 역할의 배우가 대사를 연습한다.

연극의 큰 움직임 정하기

연극의 큰 움직임을 정한다는 것은 큰 그림을 그려가는 과정이다.

극본에 있는 막과 장을 중심으로 입장과 퇴장의 순서를 결정하고, 연기를 펼칠 공간에 대해 살펴보게 된다.

연극의 큰 움직임을 정할 때는 첫째, 연극 무대의 공간에 대한 점검과 장면에 따른 등장과 퇴장을 결정한다. 산만한 무대를 만들지 않으려면 등장인물의 등장과 퇴장에 대한 이해가 꼭 필요하다.

둘째, 무대 위에서 펼쳐지는 장면 안에 배우가 어느 정도 공간을 확보할 것인지, 배우의 이동에 따라 어느 정도 공간을 확보해야 하는지를 공유한다. 스태프의 역할을 맡은 학생들이 공간 확보에 대해 서로 공유하고 있어야 막이 내려왔을 때 신속하게 다음 무대를 준비할 수 있다.

셋째, 주요 인물과 보조 인물의 위치를 결정한다. 이때 지문의 성격을 충분히 알 수 있도록 한다. 지문이 인물의 행동과 감정을 나타내고 무대 상황이나 인물 사이의 관계를 나타내고 있다는 것을 이해할 수 있어야 한다.

작은 움직임 정하기

각 장면 안에서 배우가 관객에게 감정과 생각을 최대한 잘 전달할 수 있는 방법을 모색한다. 이 과정에서는 배우를 중심으로 여러 사람들의 생각을 물어보고 최종 결정은 담당자가 결정하도록 한다.

첫째, 연기를 하는 배우들 간의 시선 처리, 제스처 등을 구상한다.

둘째, 배우의 성격에 어울리는 동작과 표정, 제스처 등을 구상한다. 이때 배우 역할을 맡은 아이들이 배워야 하는 것은 '내가 이렇게 말을 하면 상대 배역이 이렇게 받는구나'라는 연기의 감을 이해할 수 있으면 좋다.

셋째, 아이들에게 대사 전달이 안 되는 이유를 생각해보게 한다. 배우의 호흡, 속도, 입 모양, 발성의 크기 등이 대사 전달에 영향을 줄 수 있음을 알게 한다. 배우 역할을 맡은 아이들은 발성, 발음 훈련을 위한 최소한의 시간 확보가 필요하다.

넷째, 배우가 무대에서 연기를 하는 주된 목적은 관객에게 배우의 표정과 동작을 통해 상황을 실감 나게 받아들이도록 하는 것이다. 무대가 어색한 아이들은 대사를 할 때 상대 배우를 보지 않고 대사를 표현하거나 몸을 흔들면서 하는 경우가 종종 있다. 이 장면에서는 작은 움직임을 정할 때 수정할 수 있도록 이야기해주면 좋다.

스태프와 함께 연습하기

연습 초기에는 음향이나 조명과는 상관없이 배우의 연기를 중심으로 연습한다. 그리고 어느 정도 연습이 이루어지면 음향, 조명과 함께 연습하도록 한다. 이때부터는 실제 공연할 장소에서 연습할 수 있도록 장소와 시간 확보가 필요하다.

그리고 극본에 음향이 들어갈 부분을 담당자가 꼼꼼히 체크하도록 한다. 배우들은 막과 조명, 음향, 소품, 의상이 어우러지는 연기를 할 수 있도록 지도한다. 마이크를 사용할 경우 마이크를 사용하는 방법에 주의하도록 지도한다.

최종 리허설

최종 리허설이 이루어질 즈음은 아이들의 긴장이 서서히 고조되는 시점이다. 최대한 여유를 가질 수 있게 격려하되 새롭게 무언가를 시작하지 말고 지금까지 연습한 것에 익숙해지도록 집중한다. 연극 무대를 올리기 전 최종 점검할 부분은 배우의 발음, 속도, 연기, 스태프와의 조화이다. 이점을 고려하여 연습하도록 한다.

06
4단계 : 공연하기

　드디어 공연날이다. 실제 공연에서 가장 어려운 점은 배우나 스태프의 작은 실수가 공연에 영향을 끼치지 않도록 무난하게 넘기는 일이다. 공연에서 실수는 애드리브로 대응하고, 상대 배역이 실수할 경우 모두가 공동으로 대응하도록 한다. 교사는 학생들에게 무대 위에서의 실수는 공연을 만든 사람만 인지할 뿐 관객은 알지 못한다는 사실을 충분히 설명한다. 최종 리허설에서 충분히 연습했음에도 불구하고 실제 관객들 앞에서 공연할 때는 대사가 꼬이기도 하고, 배우의 동선이 겹치거나 필요한 소품이 제자리에 준비되지 않는 경우도 있다.

　이런 돌발 상황에서 유연하게 대처하기란 전문 배우가 아닌 이상 어려운 일이다. 하지만 순간적인 애드리브로 상황을 모면한 경우도 있었다. 한 번은 주인공이 엄마에게 해야 할 대사를 아빠에게 한 경우가 있었다. 다행히 아빠 역할을 맡은 학생이 당황하지 않고 "엄마에게 전해달라는 거지?"라는 말로 자연스럽게 연기한 적도 있었다. 또 필요한 소품이 책상 위에 있어야 하는데 바닥에 떨어져 있는 상황에서 역할을 맡은 학생이 적절한 애드리브로 연기를 이어간 적도 있었다. 공연이 시작되고 나면 교사는 긴장하고 있는 아이들에게 아래와 같이 안내해서 긴장을 풀어주도록 한다.

"무대 위에서 일어나는 모든 일과 말은 연기가 되고 대사가 되는 거야. 너희들이 실수했을 때, 관객이 알아차리지 못하면 그것은 극본에 있는 연기가 되는 것이고 관객이 알아차리면 실수가 되는 거야."

교사의 격려는 아이들에게 큰 힘이 된다. 평소에 연습을 충분히 했으니 이후의 일은 교사의 책임이라는 말로 아이들을 안심시키는 것이 필요하다.

07

5단계 : 조언 및 정리하기

아이들과 함께 연극을 만들어가면서 교사는 자신의 역할을 자연스럽게 줄여야 한다. 처음 스태프를 구성할 때 총연출을 맡은 학생이 친구들의 연습을 보면서 조언을 해갈 수 있도록 교사는 처음부터 구체적으로 알려줄 필요가 있다.

연극 연습을 할 때 대사의 처리와 관련해서는 목소리의 크기를 살펴봐야 한다. 무대에서 내는 목소리는 가까이에서는 들리지만 연기자의 목소리가 관객에게 전달되기에는 대체적으로 작은 편이다. 그래서 연습을 할 때는 스태프 중 한 명을 무대 끝에 앉혀놓고 배우의 목소리가 들리는지 확인해본다. 이 과정을 통해 실제 무대에서의 목소리 크기를 가늠해볼 수 있다. 또 핸드폰을 무대 끝에 두고 연습하는 과정을 녹음하거나 촬영한 다음 반 전체 아이들에게 보여주는 방법도 좋다.

다음으로는 시선 처리와 관련해서 아이들에게 조언을 한다. 배우들 사이에서 연기를 할 때는 상대의 얼굴을 정면으로 보며 연기를 하고, 관객에게 배우의 표정이 최대한 보일 수 있도록 시선의 방향을 조정한다. 이 부분과 관련해서도 관객석에서 핸드폰으로 연습 영상을 찍어서 영상을 살펴보고 어떻게 시선을 돌렸을 때 관객이 배우의 표정을 최대한 많이 볼 수 있는지를 아이들과 함께 확인한다.

스태프와 관련해서는 무대 소품을 준비하고 치우는 과정에서 최대한 무대 세팅을 빨리 마칠 수 있도록 조언한다.

장면 조언의 예

처음에는 각 장면 별로 조언을 하다 장면에 대한 연습이 마무리되면 전체적인 흐름과 관련해서 조언을 한다. 조언할 때에는 처음 한두 번은 교사가 시범을 보이고, 이후 연습에서는 총연출이 담당하도록 한다. 교사는 총연출자가 후에 세심하게 지도할 수 있도록 자세하게 조언하는 것이 필요하다.

목소리가 작은 경우

"전체적으로 목소리가 조금 작은 것 같아. 녹화 영상을 한 번 확인해보자. 지금은 관객이 없어서 목소리가 들리지만, 관객이 들어서면 뒤쪽에 앉은 사람들은 안 들릴 것 같은데 너희들은 어떻게 생각하니? 배우의 목소리가 작으면 관객은 무대에 집중하지 못할 거야."

배우의 시선이 관객을 향해 있지 않은 경우

"지금 시선이 너무 무대 벽 쪽으로 향해 있어서 관객들은 배우가 어떤 상황에서 말하는지 잘 모를 것 같아."

웅성거리는 교실 상황인데 경직된 교실 분위기인 경우

"처음 등장할 때 웅성대는 소리가 자연스러워야 하는데 평소 교실이 아닌 것 같아."

배우의 시선이 어색한 경우

"웃는 모습이 너무 억지스러워. 어색하게 웃으면 관객은 쉽게 알아차릴 거야."

배우의 동선이 자연스럽지 않은 경우

"배우들끼리 동선이 서로 겹치지 않도록 동선을 최소화해야 행동이 자연스러워 보여."

무대 세팅 준비가 부족한 경우

"무대 세팅을 할 때에는 스태프끼리 사전에 약속을 해두어야 장면 전환이 자연스럽겠지?"

학생 조언의 예

총연출을 맡은 학생이 연습의 과정에서 극본을 참고하여 중간 중간 공연의 완성도를 살피며 각 역할에 따른 조언을 할 수 있도록 한다. 연습 과정에서 중간 조언을 할 때는 이전에 비해 친구들의 나아진 점을 칭찬하도록 지도한다. 그다음 개선점은 한두 가지로 이야기하도록 지도한다.

"얘들아, 선생님이 전에 말씀하신 것처럼 음악이 먼저 나오고 조명은 늦게 꺼지고, 조명이 켜지면 음악이 줄어들다 꺼지는 게 좋을 것 같아. 그리고 음악은 조명이 꺼진 상태에서도 계속 나오는 게 나을 것 같아."

교사 조언의 예

교사는 두어 번 정도 전체 조언을 한다. 한 번은 연습하는 과정에서 아이들이 연습을 힘들어하거나 지쳐할 때, 혹은 연습이 잘 안 풀린다고 여겨질 때쯤이면 좋다.

연극 전체의 흐름

"굉장히 수고 많았어. 지금 보니 이제 제법 연극의 느낌이 살아나는 것 같아. 이제 2주 후면 공연을 하는데 마지막 연습은 다음 주 목요일이 될 것 같구나. 최종 리허설을 하기 전에 지금까지 선생님이 너희들의 공연 연습을 보면서 들었던 생각은 일단 배우들의 연기가 약간 어색하다는 거야. 왜 어색할까 생각해보니 너희들이 연기를 하려고 하니 어색한 것 같아. 전에도 말했듯이 첫 장면에서 아이들이 떠들지 않는데 '다 떠들었니?'라는 선생님의 대사가 어울리지 않는 것 같아.

연극이 연극이 되면 어색하고, 연기가 아닌 생활이 되면 자연스러워지는 거야. 평소에 너희들이 쉬는 시간 마치고 수업 시간 직전 소란스러운 교실을 생각해보렴. 그러면 조금 쉽게 이 장면을 해결할 수 있을 거야. 첫 장면이 중요한 까닭은 관객을 연극 속으로 끌어들이는 데 첫 3분이 중요해서 그래. 조금만 이 부분을 신경 써보자."

스태프 준비 상황

"다음 장면을 준비하는 데 시간이 걸리는 까닭은 스태프끼리의 약속이 정해져 있지 않아서 그런 것 같아. 다음 장면에 필요한 사람이 몇 명인지 체크해서 꼭 필요한 인원만 올라오도록 하고 우르르 올라오지 않도록 하자. 그리고 스태프가 연극의 장면에 대해 고민했으면 좋겠어. 지금 왼쪽에서만 스태프가 올라오니 많은 사람이 올라오게 되는 것 같아. 장면이 집에서 시작되는 부분은 스태프가 오른쪽에서 올라오면 어떨까?"

배우의 동선

· "교무실로 바뀌는 장면은 두 명만 올라와도 될 것 같고, 영어 시험

을 볼 때 시간이 빨리 지나가는 효과를 넣으면 좋을 것 같은데 A가 한 번 생각해줬으면 좋겠어.

또 막 준비가 끝나고 나면 스태프가 앉을 공간에 대한 약속이 필요한데 너희들은 어떻게 하면 좋겠니? 무대 첫 줄만 비워둘 건지 아니면 두 줄을 비워둘 건지 너희들끼리 한 번 정해보면 좋겠다. 그리고 순서를 정해서 배우의 동선이 움직이면 덜 번잡할 것 같아. 배우들은 소품이 준비되지 않더라도 연기가 진행되어야 한다는 것을 기억하면 좋겠구나."

배우의 시선

"무대 위에서 대사를 하는 배우 외에 B와 C가 소곤소곤 거리면 관객의 입장에서 시선이 분산될 수 있어. 그리고 D의 목소리가 상당히 작게 들려. 배우는 무대 위에서 의식적으로 지금 내가 관객에게 내 얼굴이 보이는지, 관객에게 내 목소리가 잘 들리는지를 신경 써야 해."

아이들은 놀이를 통해 언어를 효과적으로 전달하는 법을
배우게 된다. 또한 몸짓으로 표현하는 의사소통을 잘 하기 위해서는
구체적인 이미지를 떠올릴 수 있는 표현이 필요하다는 것을 깨닫게 된다.
아이들은 이 과정을 통해 비언어적 표현에 대해
감각적으로 경험하고 무대에서의 제스처를 어떻게 하는 것이
자연스러운지를 배우게 된다.

Part 4
연극 놀이를 통한
표현 활동 지도

<u>수업이 끝나고 쉬는 시간이 되면 아이들은 아무런 극본 없이 잘 논다. 아무리 놀아도 노는 시간이 부족하다고 말하기도 한다.</u>

그러나 쉬는 시간에는 그렇게 잘 놀던 아이들도 극본이 주어지고 약속된 연기를 할 때는 경직되어 행동을 과하게 표현하거나 얼어버리는 경우가 많다. 이 장에서 소개할 놀이는 연극 수업 시간에 힘이 잔뜩 들어간 아이들의 힘을 빼는 데 필요한 지도 방법이다.

연극 놀이 활동이나 수업을 지도할 때 아이들에게 무대가 꼭 교실 앞이거나 단 위일 필요가 없다는 것을 경험적으로 가르칠 필요가 있다. 교실 전체가 아이들의 표현 활동을 보여줄 수 있는 무대가 될 수 있음을 안내하는 것이 좋다. 즉 배우가 연기를 하는 장소가 무대라는 것을 알게 한다. 그러면 자연히 배우의 활동을 바라보는 아이들은 관객이 된다. 이 과정에서 분명한 목표는 아이들이 힘을 빼고 자연스럽게 놀이에 참여하도록 하는 것이다.

연극 놀이는 처음에는 개인이나 짝 활동을 중심으로 진행하되 점차 모둠별 협력 놀이로 확장해가는 것이 좋다. 연극 놀이나 표현 활동은 인디스쿨이나 다양한 경로를 통해 무수히 많이 접할 수 있는데 이 부분을 고려해서 지도하기를 제안한다.

01
놀이 중심의
표현 활동

공연을 하다 보면 자연스럽게 아이들 사이에서 신체 접촉 및 활동
이 이루어진다. 아이들에게 모든 활동의 의미를 안내하기는 어렵지만
최대한 아이들이 자신들의 활동이 공연에 영향을 미친다는 것을 이
해할 필요는 있다. 놀이 중심의 표현 활동은 연극 수업에 들어가기 전
에 긴장을 완화하고 마음을 편안하게 가질 수 있도록 도움을 준다. 작
은 인원부터 전체 인원 모두가 참여할 수 있는 활동으로 구성하고, 공
동체 활동을 많이 해보지 않았다면 교실 공간을 원 형태로 놓고 진행
하다 점차 활동에 적합한 형태로 바꾸는 것이 좋다.

실과 바늘

두 사람이 짝이 되어 진행하면 좋은 활동이다. 가상의 실과 바늘을 가지고 친구와 함께하는 놀이다. 표현력과 상상력을 키우는 데 도움이 된다. 한 사람은 바늘을 손에 든 시늉을 하고 다른 사람은 바늘에 꿰인 실이라고 가정한다. 당연히 부자연스러운 자세로 서 있게 된다. 그 과정에서 바늘을 든 사람이 바늘을 이리저리 움직이면 실은 바늘의 움직임을 보면서 이동한다. 활동이 끝난 후 학생들에게 바늘이나 실 역할을 했을 때의 느낌을 물어보고 교사가 그 느낌들을 정리하도록 한다.

▶ 놀이 방법

① 가위바위보를 해서 이긴 사람은 바늘 역할을 하고 진 사람은 실 역할을 한다.

② 바늘은 이긴 사람의 손이며, 실은 진 사람의 얼굴이다.

③ 이긴 사람이 바늘을 자유롭게 움직이면 실은 바늘이 가는대로 따라간다.

④ 1~2분 정도 놀이를 한 다음 역할을 바꾼다.

▶ 놀이의 팁

· 변형 놀이로 '바늘과 천 놀이'를 할 수 있다. 한 사람은 바늘에 꿰인 실 역할을 한다. 손을 바늘처럼 들고 있고 다른 사람은 천의 역할을 한다. 바늘(손)로 천(다른 사람)을 꿰매면 천의 역할을 한 사람은 최대한 천인 것처럼 몸으로 표현하는 놀이다. 1~2분 놀

이를 한 다음 역할을 바꾼다. 놀이가 진행되는 상황에 따라 다른 천과 이어도 재미있는 장면이 연출된다.

"얘들아, 너희들 친한 친구 사이를 표현하는 말 중에 생각나는 거 있니?"

"죽마고우요."

"관포지교요."

"그래. 우리말에는 친한 친구를 표현하는 여러 단어들이 있어. 이런 친구 사이를 나타내는 단어처럼 낱말과 낱말 사이에도 짝이 되는 단어들이 있지. 이번 활동은 그런 단어들 가운데 한 가지를 골라 표현해 볼 거야. 예를 들어 숟가락 하면 짝이 되는 낱말은 뭘까?"

"젓가락이요."

"잘했어. 이런 식으로 한 번 찾아보자. 바늘하면 짝이 되는 말은?"

"실이요."

"맞아. 오늘은 이렇게 짝이 되는 낱말 가운데 실과 바늘 놀이를 해 볼 거야."

자석 놀이

두 사람이 함께하는 짝 활동이다. 표현력과 상상력을 키우는 데 도움이 되는 활동이다. 한 사람은 손바닥을 뻗어 내밀고 다른 사람은 그 사람의 손바닥과 10cm 거리를 유지하며 손바닥을 따라다닌다. 놀이가 끝난 후 〈실과 바늘〉 놀이의 경험과 비교해서 느낌을 말해보도록 한다.

▶ 놀이 방법

① 가위바위보로 자석과 쇠 역할을 할 사람을 나눈다.

② 자석의 역할을 한 사람의 손바닥이 자석이 되고 쇠 역할을 한 사람의 얼굴이 쇠가 된다.

③ 자석(손바닥)이 움직이면 쇠(얼굴)는 자석이 움직이는 대로 움직인다.

④ 2~3분 후 역할을 바꾸어서 놀이를 진행한다.

▶ 놀이의 팁

· 선생님은 아이들에게 따라 하기 힘든 동작을 하지 않도록 안내한다. 예를 들어 바닥에 붙여서 끌고 간다거나 점프를 너무 많이 하는 행동은 하지 않도록 사전에 지도가 필요하다.

"오늘은 자석 놀이를 할 거야. 한 사람은 자석이 되고 다른 사람은 쇠가 되는데 자석과 쇠 사이에는 투명한 10cm 두께의 물체가 있어. 그래서 다른 사람들 눈에는 자석과 쇠 사이가 조금 떨어져 보이겠지? 자석이 움직일 때마다 쇠는 자석을 따라다니면 돼. 단, 조심할 점은 자석 역할을 하는 사람이 쇠를 너무 힘들게 하면 역할을 바꿀 때 나도 힘들다는 점이야."

마네킹 놀이

한 사람은 마네킹, 한 사람은 주인이 되어보는 역할 놀이다. 표현력과 창의력을 키우는 데 도움이 되는 활동이다.

▶ 놀이 방법

① 가위바위보로 주인과 마네킹 역할을 정한다.

② 주인은 마네킹의 팔과 다리를 직접 움직여 마네킹의 정지 동작을 정한다. 이때 마네킹은 주인이 움직이는 대로 손과 발을 고정시켜야 한다.

③ 2~3분 후에 서로 역할을 바꾸어서 놀이를 진행한다.

▶ 놀이의 팁

· 주인 역할을 맡은 학생은 마네킹이 서 있기 힘든 동작은 억지로 하지 않도록 지도한다. 자칫 내가 당했던 대로 혹은 더 힘든 동작을 요구하는 복수극이 벌어질 우려가 있다.

"얘들아, 지난 시간에 우리 어떤 활동을 했는지 기억나니?"

"자석 놀이요."

"이번에는 마네킹 놀이를 할 거야. 마네킹 역할 놀이를 통해 서로의 마음을 알아볼 수 있는 활동이야."

한 사람은 마네킹, 한 사람은 주인이 되어 마네킹의 형태를 만든다. 마네킹을 주제에 맞게 움직여 전시해보고 역할 놀이를 하며 대화를 나눈다. 예를 들어 "우리 가게에는 손님들이 늘 기쁜 마음으로 찾아왔으면 좋겠어. 그러니 마네킹이 웃고 있어야겠지?", "난 오늘 너무 슬퍼. 그런데 마네킹이 웃고 있으면 안 될 것 같아. 같이 울어줘." 등 마네킹은 주인의 요구대로 기쁨, 슬픔, 지루함, 분노의 감정을 표현한다. 역할을 바꿔서 해볼 수 있다.

"마네킹 놀이에서 마네킹이 되었을 때 어떤 느낌이 들었어?"

"답답했어요."

"힘들었어요."

"뭐가 힘들었니?"

"주인이 한쪽 다리를 들게 해놓아서 서 있기 힘들었어요."

"그래서 역할이 바뀌었을 때는 어떻게 했어?"

"똑같이 했어요."

"만일 다음에도 이와 비슷한 상황이면 그렇게 할 거야?"

"아니요."

아이들은 역할 놀이를 할 때 내가 당했던 만큼 똑같이 하고 싶어 하거나 또는 더 심하게 하고 싶은 욕구를 가지고 있다. 그러나 이런 놀이가 자주 진행되면 아이들 스스로 역지사지의 마음으로 다른 사람의 입장을 생각해보게 된다. 친구를 배려하는 마음을 키울 수 있는 활동이다.

02
이야기 중심의
표현 활동

3차시 정도를 놀이 중심의 표현 활동을 했다면 4차시부터는 이야기와 신체 표현 활동을 접목하면 좋다. 놀이 중심의 표현 활동이 긴장감을 풀어준다면 이야기 중심의 표현 활동은 연극의 장면에서 배우와 호흡을 맞추거나 극본의 스토리를 파악하고 이해하는 데 도움을 주는 활동이다.

해설이 있는 마임

이야기를 상상하며 이야기를 표현하는 활동이다. 이야기를 포함한 신체 활동을 할 때는 미리 이야기의 주제를 말해주고 충분히 상상해 보도록 시간적 여유를 주는 것이 좋다. 상상할 수 있는 시간을 주면 풍부한 표현이 가능해진다.

▶ 놀이 방법

① 교사가 짧은 이야기(씨앗, 길 잃은 강아지, 어린왕자 등)를 들려준다.
② 이야기를 들으면서 학생들은 이야기의 주인공이 되어 자신을 표현한다.
③ 교사는 각 학생들이 표현하는 내용에 대해 질문을 한다.
④ 질문에 답하는 학생들의 이야기를 들으며 이야기를 이어간다.

▶ 놀이의 팁

· 연극 수업을 할 때 교사의 활동 또한 연극 수업의 일부라는 것을 아이들에게 보여줄 필요가 있다. 아이들이 활동에 자유롭게 참여할 수 있도록 교사가 연기를 하는 것도 좋다.
· 아이들이 알 만한 동화책의 한 부분을 교사가 행동으로 표현하고 동화책의 제목을 맞혀보는 활동을 해도 좋다.
· 아이들의 이해 정도에 따라 교사가 전체적으로 진행할 수도 있지만 이야기를 풀어갈 수 있는 학생에게 교사의 역할을 맡길 수도 있다.

"여러분은 지금부터 씨앗입니다. 몸을 조그맣게 만들고 땅에 가깝게 낮춰보세요. 무슨 씨앗이 될지 스스로 선택해보세요."
교사는 아이들이 천천히 생각해볼 수 있도록 시간을 준다.
"천천히 씨앗이 싹을 틔웁니다."

씨앗이 천천히 자라고 있다고 안내한다.

"무슨 씨앗이 되었는지 궁금한데요. 한 번 확인해볼까요? 아, 그런데 아직은 땅이 얼어 있네요. 봄이 되고 땅이 녹으면 땅 위로 올라갈 거예요. 지금 기분이 어때요?"

교사는 몇 명의 아이들을 지목하여 질문한다.

"추워요."

"당신은 무슨 씨앗인가요?"

"사과 씨앗이에요."

"아! 사과 씨앗이군요. 이제 좀 있으면 땅 위로 나갈 텐데 지금 기분은 어떤가요?"

"너무 기대돼요."

"앞으로 꿈이 뭐예요?"

"맛있는 사과를 맺는 거예요."

"어떻게 자랄 것 같나요?"

"잘 자랄 거예요."

"혹시 어떤 모습으로 자랄 것 같은지 표현해볼 수 있나요?"

교사는 질문을 통해 학생들이 자신의 상상을 잘 표현할 수 있도록 독려한다. 활동을 마치고 아이들과 이야기를 정리한다. 땅 위로 나왔더니 뭐가 있었을까, 혹은 잘 자라고 있는데 산짐승들이 와서 싹을 덥석 먹어버리면 어떻게 될까, 싹을 틔워야 하는데 머리 위에 돌이 있으면 어떻게 될까 등 일어날 수 있는 여러 가능성을 두고 이야기할 수 있다.

"아프리카 깊은 정글 속에는 커다란 보아뱀이 살고 있습니다. 보아뱀은 너무 배가 고파서 정글을 천천히 헤매고 다닙니다. 드디어 먹을 것을 찾았습니다. 선생님이 숫자를 세는 동안 보아뱀은 먹을 것을 찾게 됩니다. 자, 숫자를 셉니다."

교사가 30초 동안 숫자를 천천히 센다.

"그리고 보아뱀은 먹이를 꿀꺽 삼킵니다. 그런데 궁금하지 않나요? 보아뱀은 무엇을 먹었을까요? 보아뱀의 뱃속에 있는 먹이는 어디에서 무엇을 하던 동물인지 상상해서 표현해봅시다. 하나 둘 셋. 지금 보아뱀의 먹이는 무엇인가요?

교사는 몇 명의 아이들을 지목하여 질문한다.

"돼지를 먹었어요."

"돼지가 어디 있었나요?"

(돼지가 있는 모습을 손으로 표현하며) "여기 이렇게 있었어요."

"네, 그렇군요. 그럼 다음 보아뱀에게 물어봅니다. 지금 어떤 걸 먹었나요?"

"왕개구리요."

"맛있어요?"

"맛은 없는데 배가 고파서 먹었어요."

조각상 놀이

이야기 속의 장면을 조각상으로 표현해보는 활동이다. 창의력과 상상력을 키울 수 있으며 연극 수업을 할 때 자신감과 표현력을 기르는데 도움을 준다. 교사는 중간 중간 활동을 하면서 연극에 대한 기본적인 지식을 질문을 통해 확인하는 것도 필요하다.

▶ 놀이 방법

① 교사가 네 명에서 여섯 명으로 모둠을 나누고 하나의 이야기를 정해준다.

② 역할을 나누어 그 이야기의 대표적인 한 장면을 조각상으로 표현해본다. 아이들이 서로 협의해서 결정하도록 한다.

③ 대표 장면이 인원이 적은 장면일 경우 가능한 인원이 많이 나오는 장면을 생각하도록 한다.

④ 장면 안에서의 역할을 모둠 구성원이 나누어서 표현한다.

▶ 놀이의 팁

· 등장인물을 모두 표현하는 것이 아니라 한 장면을 표현하도록 지도한다. 장면에서 의미가 없는 소품이나 배경은 표현하지 않도록 한다.

· 교사가 각 모둠에게 들려주는 이야기는 다른 모둠이 듣지 않도록 한다. 이야기를 모르는 아이들이 많을 때는 이야기를 알고 있는

학생에게 간단한 줄거리에 대한 설명을 듣고 진행할 수 있도록 한다(15분 정도의 시간이 적당하다).

· 교사의 역할은 모둠별로 이동하며 아이들이 생각을 모으고 표현할 수 있는 아이디어만 주는 것이다. 활동이 진행되면 아이들은 다른 모둠의 표현 활동을 맞히는 데만 관심을 둘 수 있다. 아이들이 장면을 표현하는 데 관심을 갖게 하고 다른 모둠 활동에 시선을 돌리지 않도록 한다.

· 교사는 아이들에게 이야기의 제목을 맞히는 것보다 장면을 표현하는 과정이 더 중요하다는 사실을 주지시킨다. 또한 표현을 돕기 위한 소품을 활용하는 것도 허용할 수 있다. 표현하기를 꺼려

연극, 수업을 바꾸다

하는 아이들도 한 장면 안에서 작은 역할이라도 수행할 수 있도록 격려한다.

· 조각상 표현 활동은 정지된 표현이기 때문에 과장된 표현이 필요하다. 하지만 오랫동안 버티기 어려운 신체 표현을 하지 않도록 한다.

· 모둠 발표 순서는 무작위로 선정한다. 아이들은 발표 순서에 민감한 반응을 보이기 때문에 무작위 선정이 적절하다.

· 이야기는 아이들이 잘 알고 있는 동화책도 좋지만, 아이들이 다 보았을 만한 영화도 좋다(영화의 경우는 고학년이 적절하다). 이와 비슷한 활동으로 스톱모션이나 정지 광고 활동이 있다. 스톱모션은 대부분 아이들이 알 만한 장면을 조각상처럼 정지해서 그 상황을 표현해보는 활동이고, 정지 광고는 텔레비전이나 잘 알려진 광고의 한 장면을 정지 동작으로 표현하는 활동이다.

"얘들아! 연극 수업 어때?"

"좋아요!"

"재미있어요."

"우리 지금까지 뭐 했는지 한 번 정리해볼까?"

"연극의 3요소를 배웠어요."

"극본을 배웠어요."

"그래. 연극의 3요소가 뭐지?"

"배우, 관객, 무대요."

"극본의 3요소는 무엇일까?"

"…."

"극본에서 배경을 설명하는 것을 뭐라고 했어?"

"해설이요."

"그다음에는 어떤 것이 있을까?"

"대사, 지문이 있어요."

"잘했다. 오늘은 조각상 활동을 할 거야. 조각상 활동은 지난번 마네킹 놀이와 비슷한데 한 단계 업그레이드된 활동이야. 오늘은 개인 조각상과 모둠별 조각상을 만들 텐데 잘 듣고 한 번 해보면 좋겠다."

남녀를 섞어서 무작위로 모둠을 나눈다(4~5개의 모둠이 적절하다). 네 종류의 과일로 모둠을 만들 경우 '사과, 배, 감, 귤'로 나눈 다음 '사과는 사과끼리 배는 배끼리' 등으로 하고, 5개의 모둠으로 만들 경우에는 '6학년 4반'으로 순서를 정한 후 '6은 6끼리, 학은 학끼리, 년은 년끼리' 등으로 그룹을 나눈다. 모둠이 나누어지면 조각상이라는 주제로 모둠별 활동을 진행한다. 아이들이 조각상에 대해 이해를 할 수 있도록 가벼운 질문으로 시작한다.

"혹시 조각상 본 적 있어?"

"네."

"어디서 보았어?"

"아파트 단지에 있어요."

"그래. 아파트 단지의 조각상도 있지. 추상적인 조각상 말고 인물 조각상을 한 번 생각해보자. 혹시 광화문에 있는 조각상 알아?"

"이순신 장군이요."

"그래. 그 외에도 많은 조각상이 있는데 조각상의 특징이 무엇이 있는지 말해볼래?"

"크기가 커요."

"움직이지 않아요."

"맞아. 조각상은 크고 안 움직이지. 오늘 하는 활동의 가장 중요한 핵심이야."

아이들과의 질문과 대답을 통해 조각상의 특징을 살펴보고 활동을 진행한다. 교사는 다른 모둠이 알아차리지 않도록 모둠별로 아이들에게 익숙한 동화의 한 장면을 이야기해준다. 이때 다른 모둠은 이야기만 듣고 답을 알아내려고 애쓰기도 한다. 그때는 그대로 두어도 좋다. 이야기 제목을 아는 것보다 어떤 장면을, 어떤 과정을 거쳐 알게 되었는지를 이해하는 것이 더 중요하다.

"선생님이 모둠별로 너희들이 익숙한 동화나 이야기를 알려줄 거야. 그 이야기에서 너희들이 대표적인 한 장면을 조각상으로 표현해보는 거야. 혹시 이야기를 잘 모르는 친구가 있으면 아는 친구가 간단하게 이야기를 들려주고 장면을 만들어보면 돼. 혹시 대표 장면에 등장인물이 적으면 가능한 인원이 많이 나오는 장면을 만들기 바란다. 이해했니?"

"네."

"여기서 주의할 점은 배경을 표현해도 되는데 의미 없는 배경(나무 혹은 지나가는 행인 등)은 가급적 지양하고 그 장면에서 의미 있는 역할을 하는 배경을 표현하도록 하자."

교사는 아이들에게 장면에 대해 안내하고 모둠별로 의논할 시간을 준다.

"애들아, 이제 다 했지?"

"네."

"자 그럼 A 모둠부터 발표해보자. 다른 사람들은 관객이 되는 거야. 관객이 가져야 하는 태도는?"

"집중해서 보는 거요."

"그래, 잘했다. 자, 레디 액션!"

A 모둠이 동화의 한 장면을 표현한다. 아이들이 표현한 장면을 교사가 전체 질문을 통해 무엇을 표현해냈는지 유추해낸다.

"이 모둠은 어떤 이야기일까?"

"신데렐라요."

"어떻게 알았어?"

"실내화와 무릎 꿇은 것을 보고 알았어요."

이 활동은 표현하는 아이들이 표현을 잘해서 나머지 아이들이 표현의 의미를 잘 알아차리도록 하는 것이 중요하다. 표현을 보고도 잘 모를 경우에는 조각상을 표현한 인물을 인터뷰할 수 있다.

"다른 조각상들의 이야기를 한 번 들어보자. 저 뒤에 있는 사람은 뭐라고 말할까?"

조각상의 포즈를 취한 한 인물의 대사를 표현해보도록 한다.

"자, 누구의 대사를 들어보면 좋을까?"

"저 뒤에 팔짱 끼고 있는 사람이요."

"그래. 그럼 지금 무슨 말을 하고 싶으신가요?"

팔짱 낀 사람에게 질문을 한다.

"우리 집에서 내쫓아야지."

"아 그렇군요. 그럼 동생처럼 보이는 이분은 뭐라고 하는지 들어볼까요?"

"내 옷 어디 있어!"

조각상을 표현하고 나서 관람한 아이들이 잘 모르거나 혹은 조각상의 표현이 창의적일 경우 조각상을 움직여서 다음 순간을 표현해보도록 하는 것도 좋다. 또는 대사를 물어봐도 좋고, 한 장면에서 다음 장면으로 연결 지어 질문을 해볼 수 있다. 아이들이 표현한 장면이 이해되지 않을 경우 한 인물의 대사를 물어볼 수도 있다. 다음은 효녀 심청의 한 장면과 대사의 예시이다.

"네가 정녕 내 딸 심청이란 말이냐." (심봉사가 놀라는 장면)
"아, 취한다." (심봉사가 춤추는 장면)

아이들에게 어떤 의도로 조각상을 표현했는지 표현한 것을 물어봐도 좋다. 교사는 아이들이 조각상을 표현한 상황에 대해 인터뷰를 하며 아이들이 활동에 참여할 수 있도록 돕는다.

"이번에는 좀 더 크게 조각상을 만들어볼 거야. 우선 성별을 나누어서 두 그룹으로 표현해볼 텐데 선생님이 어떤 장면이나 주제를 각 그룹에 말해줄 거야. 그러면 너희들끼리 협의해서 표현하면 돼."
"어떻게 해요?"
"이 활동은 처음 시작하는 사람이 중요해. 그 사람이 어떤 장면을 시작하면 다음 사람이 그 사람이 표현한 장면과 연결 지어 조각상을 이어가는 거야."
"자, B 한 번 나와 볼래? 이번에 스포츠리그 했지?"
우리 학교는 6학년이 경기 종목을 정해서 창체 시간에 리그전을 벌인다. 스포츠리그의 종목은 티볼이었다.
"자, 그럼 티볼의 한 장면을 표현해보자."
학생 B가 1루로 공을 던지는 장면을 표현한다.
"그럼 C가 나와서 B와 어울리는 장면을 표현해보자."
학생 C는 배트로 치는 장면을 표현한다.

"이렇게 서로 상의하지 않고 앞사람이 표현한 장면을 보고 한 명씩 나와서 조각상으로 연결하는 거야. 이해했니? 여기서 주의해야 할 점은 가능하면 앞사람이 표현한 장면과 다른 장면을 생각해서 표현해보도록 하는 거야. 정 생각이 나지 않으면 같은 장면이라도 다른 의미를 담을 수 있도록 해보자."

단체 릴레이 조각상 만들기

모둠 협동을 통해 연결된 조각상을 표현해서 연극의 한 장면을 만드는 놀이로 창의력과 상상력을 키울 수 있다. 참여 인원은 모둠별 조각상 놀이보다 더 많은 인원이 필요하다. 교사는 두 팀 혹은 세 팀 정도로 인원을 나누고 적절한 상황을 제시한다. 대규모 인원이 모이거나 이야기가 연결될 수 있는 장면이 좋다. 예를 들면 급식실, 놀이공원, 조선시대의 전쟁, 월드컵 결승, 아이돌 콘서트, 버스킹 등이 있다.

▶ 놀이 방법

① 10명 내외로 그룹을 나눈다.

② 그룹 안에서 특별한 상황(중심 활동)을 정한다.

③ 특별한 상황에서 일어날 수 있는 다양한 에피소드를 모둠원들끼리 이야기한다.

④ 표현 주제가 정해지면 에피소드에 적절한 동작을 한 명씩 나와

정지 동작으로 표현한다.

⑤ 다른 모둠원들은 정지된 동작을 보고 어떤 상황인지 맞힌다.

⑥ 그 상황이 맞으면 정지된 동작을 한 모둠원들이 한 마디씩 대사
와 함께 자신의 역할을 표현한다.

▶ 놀이의 팁

· 릴레이로 표현할 때 연결 지을 수 있는 시간을 3~5초 정도 준다.

· 표현을 잘할수록 관중이 장면을 잘 이해할 수 있다는 것을 안내
하면 다음 활동에서 점점 표현을 크게 하려고 노력한다.

교사는 성별로 팀을 나누거나 그룹별로 나누어 한 명씩 릴레이로
주제를 표현해본다. 한 모둠에서 한 명씩 나와 상황을 표현한다.

"어떤 장면 같니?"

"급식실이요."

"대단한데. 너희들은 어디서 힌트를 얻었어?"

"급식판을 든 거요."

릴레이 표현이 끝나면 아이들에게 질문을 던진다. 이 질문 과정에
서 아이들이 자신들의 생각을 표현할 수 있다.

질문이 끝나면 조각상을 표현한 그룹에서 5초 정도 연결 동작을 할
수 있는 기회를 주고 연기해보도록 한다. 연기를 할 때 다양한 상황에
서 자연스러운 애드리브가 가능하다.

위의 상황처럼 급식실의 한 장면을 표현할 때는 연결 동작으로 "이거 빼주세요.", "조금만 더 주세요.", "어디에 앉아요?" 등 급식실 상황에 맞는 연기를 할 수 있다. 상황을 표현할 때는 다 함께 표현하는 것이 아니라, 릴레이 형식으로 한 명씩 하기 때문에 앞 친구가 표현한 것을 보고 다음 친구가 즉흥적으로 표현하기도 한다.

릴레이 조각상 활동은 조각상을 연결 짓는 시간이 필요하다. 가능한 오래 버틸 수 있도록 안정된 동작으로 하도록 하고 앞 학생이 표현한 것과 다르게 표현할 수 있도록 지도한다. 또 서로 상의하지 않고 표현으로만 연결되도록 한다.

아이들의 표현은 가능한 큰 동작으로 할 수 있도록 한다. 표현 동작이 작을 경우 표현하려는 대상을 이해하기가 쉽지 않다. 수업이 끝나면 다음 활동의 주제를 안내하고 수업을 정리한다.

03
사물 중심의
표현 활동

과일광주리 놀이는 본 놀이 시작 전 여는 놀이로 적합한 활동이다. 먼저 과일광주리 놀이를 한 다음 본 놀이인 의자를 활용한 연극 놀이를 진행한다. 사물 중심의 표현 활동은 상상력과 표현력, 창의력을 키워주는 활동이다.

과일광주리 놀이

과일광주리 게임은 많이 알려진 공동체 놀이 중 하나다. 반 전체가 교실 가운데에 의자를 놓고 둘러앉아 하는 게임으로 술래가 말하는 과일에 해당되는 사람끼리 자리를 바꾸는 놀이다. 순발력과 민첩성이 요구되며 몸을 푸는 여는 놀이로 적당하다.

▶ **놀이 방법**

① 교실 가운데 원으로 둘러서서 의자에 앉는다.

② 자리에 앉은 순서에 따라 한 방향으로 과일 네 가지를 정한다.
(인원이 이십 명 이내일 경우는 세 개가 적당하다.)

③ 술래를 한 사람 정한다. 처음에는 교사가 하도록 한다.

④ 술래는 노래가 끝나기 전에 과일 한 가지를 말한다.

⑤ 술래가 말하는 과일에 해당되는 사람끼리 자리를 바꾼다.

⑥ 지정 과일에 불린 학생들이 자리를 바꿀 때 술래가 빈자리에 앉
으면 자리에 앉지 못하는 사람이 술래가 된다.

⑦ 술래가 과일 이름 대신 '과일광주리!'라고 외치면 모두 일어나
자리를 바꾼다.

▶ **놀이의 팁**

· 한 가지 과일만 계속해서 부르지 않도록 한다. 이전에 말한 과일
은 연속해서 말하지 않는다.

· 모두 움직일 수 있지만 바로 옆자리는 앉을 수 없다. '과일광주
리'는 모든 과일이 한 번 이상 나왔을 경우만 말할 수 있다.

· 고학년은 〈당신의 이웃은 누구입니까?〉로 활용할 수 있다. 이 놀
이는 〈과일광주리〉처럼 전체가 움직일 수 있는 내용은 연속해서
부를 수 없다(예 : ○○초 학생, 6-4반 학생, 서울 사는 사람 등). 기준
이 없거나, 눈으로 확인할 수 없는 경우는 지명할 수도 없다(예 :

발뒤꿈치에 점 있는 사람, 머리가 긴 사람, 여드름이 많은 사람 등). 지명은 구체적으로 확인할 수 있는 경우를 말한다. 간단한 벌칙을 제공해도 좋다(예 : 1초간 멈춤, 2초간 팔 벌려 한 발로 서기 등). 인원을 세 명 이상 이동할 수 있도록 지명한다.

"자, 이제 연극의 3요소는 다 알지? 다 같이 한 번 말해볼까?"

"배우, 무대, 관객이요."

수업 중간 중간 아이들에게 연극의 3요소와 극본의 3요소 그리고 인물의 성격을 파악하는 방법을 묻기도 하고, 배경과 관련해서 질문을 한다. 연극 무대를 준비하기 위한 활동이지만 단순히 놀이가 아니라 이 놀이가 무엇을 배워야 하는 활동인지 다 함께 알고 있어야 한다.

"잘했다. 그럼 지난 시간 우리가 뭐했는지 한 번 말해보자."

"조각상 놀이요."

"조금만 더 구체적으로 말해볼 수 있을까?"

"조각상을 표현했습니다."

"어떻게 표현했어?"

"조각상을 몸으로 표현했습니다."

"어떤 내용으로 표현했지?"

"동화의 한 장면과 주제를 표현했습니다."

"영화의 한 장면을 표현했어요."

"급식실을 즉흥적으로 표현했습니다."

"그래. 잘했어. 이번 시간은 무엇을 한다고 했지?"

"몰라요."

"의자를 하기로 했어요."

"그래. 고맙다."

"오늘은 과일광주리 게임을 통해 의자 활동을 할 거야. 학기 초에 해봤지?"

"네."

지난 시간에 배운 내용을 물어보면 잘 알고 있는 학생도 있지만, 많은 학생들이 잘 모르고 넘어간다. 다른 수업도 마찬가지지만 교사가 연극 수업에서 특히 놓치지 말아야 할 것은 지난 시간에 배운 것을 다시 확인하고 질문하는 활동이다. 틈날 때마다 연극 수업에 관련된 내용을 확인하고 질문하는 것이 필요하다.

"얘들아, 우리는 지금 과일광주리 게임을 할 거야. 한 번 따라해볼까? 우리가 앉아 있는 의자는 과일광주리입니다."

"우리가 앉아 있는 의자는 과일광주리입니다."

교사는 아이들과 대화를 통해 과일광주리 놀이를 시작한다. 교사는 이 활동을 통해 자기표현에 적극적인 학생과 그렇지 않은 학생을 관찰할 수 있게 된다. 과일광주리로 간단하게 몸 풀기를 한 다음 본격적인 연극 놀이 활동을 시작한다.

의자로 하는 연극 놀이

교실이 아닌 곳에서 의자가 어떻게 이미지화되어 있는지를 볼 수 있는 놀이다. 의자 놀이는 익숙한 소품을 낯설게 보기를 통해 갈등 상황을 표현하는 데 도움을 준다. 처음에는 전체 활동으로 시작했다가 그룹으로 나누어서 활동한다. 상상력과 창의력을 기를 수 있는 활동이다.

▶ **놀이 방법**

① 원으로 둘러서서 놀이를 시작한다.

② 아이들이 자리에 앉으면 원 가운데에 의자를 놓고 이야기를 풀어간다.

③ 이야기의 주제는 일상생활에서 의자로 인해 일어났던 이야기가 좋다.

④ 익숙한 의자를 낯설게 볼 수 있는 상황에 대해 질문을 한다.

⑤ 아이들이 앉아 있는 의자를 빼서 의자만 놓여 있는 다양한 상황을 만든다.

⑥ 그 상황에서 일어날 수 있는 갈등을 찾는다.

⑦ 놓여 있는 의자를 보고 갈등 상황에 대해 질문을 하고 답을 찾는다.

⑧ 그룹별로 나누어서 의자와 관련된 갈등 상황을 표현하도록 한다.

· 갈등에 대한 다양한 설명이 필요하다. 신체적인 갈등, 불편한 상황, 예상하지 못한 상황, 특정한 장소에 나타날 수 있는 갈등 상황(예 : 의자에 부딪쳐서 아픈 상황, 선생님께 혼나서 일어서는 상황, 의자에 앉았는데 껌이 붙어 있는 상황) 등을 표현할 수 있게 한다. 교사는 아이들의 생각이 정리될 수 있도록 돕는다.

· 발표할 때는 표현 활동을 하는 학생들이 웃지 않도록 한다. 연습하지 않은 애드리브를 하지 않게 하고 연습한 대로만 진행할 수 있도록 한다. 끼가 넘치는 아이들의 경우 즉흥성을 발동하는 경우가 종종 있다. 관객은 웃거나 친구들이 발표하는 모습에 야유를 하지 않도록 한다.

· 아이들의 표현 활동에 대해서는 언제나 교사의 지지와 격려가 필요하다.

아이들을 의자만 가지고 원으로 둘러앉힌 다음 원 가운데에 의자 하나를 놓고 질문을 한다.

"얘들아, 지금부터 선생님이 보여주는 장면과 관련해서 질문을 할 거야. 선생님의 질문을 생각해보고 떠오르는 대로 답을 해주면 좋겠다. 이해했니?"

"네."

원 가운데에 있는 의자를 가리키며 말한다.

"이 의자를 보면 떠오르는 장소나 장면이 있나요?"

"생각하는 의자요."

"잘했다. 또 다른 사람은?"

"고문실이요."

"왜 그런 생각을 했나요?"

"영화에서 본 장면이 떠올랐어요."

"그렇구나."

의자를 하나 더 가져다 놓고 질문을 한다.

"이 장면을 보면 어떤 장소가 떠오르나요?"

"6학년 연구실이요."

"왜?"

"선생님과 상담하던 모습이 떠올라요."

의자를 네 개 모아놓고 질문을 한다.

"이 장면은 어떤 장소인 것 같나요?"

"식당이요."

"카페요."

네 개의 의자를 한 방향으로 놓고 질문을 한다.

"의자가 한 방향으로 놓인 모습을 보면 어떤 장소가 떠오르나요?"

"카페."

"영화관."

네 개의 의자를 서로 마주 보게 놓아두고 질문을 한다.

"의자가 마주 보며 놓여 있는 걸 보니 어떤 장소가 떠오르나요?"

"면접 장소."

"식당."

"테라스."

"지하철."

이렇게 의자를 다양하게 배치하여 아이들에게 질문을 한다. 처음에는 아이들이 의자에 앉아 있지만 의자를 하나씩 혹은 여러 개를 배치하면 자연스럽게 아이들은 일어나게 되고 서서 활동에 참여하게 된다.

"가운데가 비어 있고, 양옆으로 의자가 놓여 있는 곳은?"

"시험 대형."

"버스."

"교회."

충분히 의자와 관련된 상황을 보여주고 질문을 한 다음 한 모둠을 대여섯 명으로 구성한다. 모둠을 구성한 후 각 모둠에서 의자를 다양하게 배치하고, 배치된 의자가 놓인 장소에서 일어날 수 있을 만한 갈등 상황을 생각하게 한다.

의자로 만드는 이야기는 연습하는 시간과 발표 시간을 적절하게 배분해야 한다. 아이들에게 장소를 안내할 때는 미리 포스트잇이나 쪽지로 모둠에 안내하여 쪽지 속의 장소로 의자를 배치하게 한다. 연습 10분 내외, 발표 12분 내외로 하되 시간에 대한 재량은 교사가 적절하게 조절할 수 있다.

이 활동은 갈등 상황을 표현하는 데 중점을 두어야 하는데 처음에 아이들은 이런 상황 설정이 어색해서 활동을 이해하지 못할 수 있다. 사전에 교사는 의자가 있는 공간이라는 것, 이 공간에서 일어날 수 있는 갈등 상황을 모둠끼리 협의해서 상황에 어울리는 조각상으로 표현하는 활동이라는 것을 아이들이 충분히 인지하도록 해야 한다.

이전의 조각상 활동과 달라진 점은 구체적인 대사가 주어진다는 것이다. 따라서 아이들에게 안내할 때는 갈등 상황에 어울리는 구체적인 대사를 꼭 넣도록 한다. 갈등 상황을 표현하는 시간은 1분 내외로 하되 이전 활동보다 대사 비중을 높인다. 활동이 시작되면 모둠별로 돌아가며 그 장소의 사람이 되어 조각상이 되어본다.

"자, 연습이 끝났으면 우리 한 번 각 모둠에서 표현한 내용이 어떤 장소이며, 어떤 갈등이 있는지 알아보자. A 모둠은 어떤 장소에서 어떤 갈등이 있었을까?"

"영화관 같아요."

"어떻게 알아차렸어?"

"찍었어요."

"그럼 정말 그런지 한 번 확인해보자."

"자, 다 같이 레디 액션 하는 거야. 레디 액션!"

반 전체가 레디 액션을 외치면 조각상이 움직이며 상황을 보여준다. 한 사람이 지팡이를 짚고 걸어와서 다른 사람 앞에 허리를 두드리며 서 있다. 의자에 앉아 있는 사람은 애써 외면하고 휴대전화를 보는 척한다. 주변에 앉아 있는 사람은 혀를 차며 그 모습을 바라본다.

"어떤 장면인가요?"

"버스 안 같아요."

"어떤 상황인지 대사로 표현해볼까요?"

"아이고, 다리가 아프네."

아이들은 장면을 표현한 인물들의 대사를 통해 어렵지 않게 상황을 알아낼 수 있다.

B 모둠은 공원에서 반려견이 똥을 쌌는데 치우지 않아 사진을 찍는다고 하자 치우는 상황을 표현했다. 다른 학생들이 장면이 이해가 가지 않아 B 모둠의 인물에게 대사를 말해보도록 했다.

"저기요! 저기요!"

"네?"

"저거 당신 개똥 아니에요?"

"…."(모른 척한다.)

"저거 치워요."

"…."(계속 모른 척한다.)

"저거 안 치우면 사진 찍어 인터넷에 올릴 거예요."

"누가 안 치운다고 했어요?"(그제야 마지못해 치우는 척한다.)

대사를 할 때는 지나친 비속어를 사용하지 않도록 지도한다. 배우로서의 지켜야 할 기본 매너에 대해 안내해주어도 좋다.

C 모둠은 식당에서 손님이 갑질하는 장면을 표현했다.

"주문을 언제 했는데 아직 안 나와요?"

"아, 죄송합니다."

"이거 뭐야. 사장 나오라고 해." (사장이 나온다.)

"당신이 사장이야?"

"네. 그런데요?"

"내가 주문하고 오 분이나 기다렸는데 음식이 안 나오잖아. 배고파 죽겠는데 어떡할 거야?"

"저 손님, 음식을 만드는 데 시간이 걸리지 않습니까? 조금만 기다려주시면…."

"아, 몰라. 빨리 가져와."

"이거 해도 너무하네. 이봐요. 손님! 당신한테 음식 안 팔 거니까 나가세요."

아이들은 활동을 할 때 연습 과정에서 서로 몰입을 지나치게 하거나 일부러 웃기는 상황을 만들기도 한다. 이때는 배우가 표현 도중에 웃지 않도록 지도하고 상황에 어울리지 않는 돌발 상황을 만들지 않도록 안내한다. 의자는 교실에서 가장 쉽게 사용할 수 있고 아이들에게 익숙한 도구이다. 이런 익숙한 도구들을 낯설게 바라보는 활동은 아이들이 감정을 잘 표현하는 데 도움을 준다. 의자와 의자를 사용한 장소를 떠올려 있음 직한 상황을 표현한 다음 다양한 사물로 이야기를 만들어가는 활동으로 연결해도 좋다. 주의해야 할 점은 아이들이

연극, 수업을 바꾸다

자기 의자에 대한 애착을 많이 보인다는 것이다. 친하지 않은 학생이 자기 의자에 앉는 것을 싫어하고 감정이 상한 경우 의자에 화풀이를 하는 경우도 있다. 이때는 교사가 분명한 기준을 제시해서 아이들끼리 분쟁이 일어나지 않도록 한다.

주변의 사물을 다양하게 상상하여 표현하기

천을 가지고 손쉽게 할 수 있는 활동이다. 학생들을 두 팀으로 나누어 한 사람씩 천 앞으로 나와서 '하나 둘 셋'을 외치면 먼저 앞사람의 이름을 말하는 놀이다. 천을 올리기 전까지는 천 앞에 누가 있는지 알지 못하기 때문에 빠르게 관찰하고 반응을 끌어낼 수 있다. 순발력과 표현력을 기르는 데 도움이 되는 활동이다.

▶ 준비물

앉았을 때 서로 보이지 않는 크기의 천

▶ 놀이 방법

① 각 팀에서 번호를 1번부터 끝번까지 정한다(학급 인원이 22명일 경우 1~11번이 정해진다).

② 각 팀별로 번호가 결정되면 다른 팀에서 우리 팀의 번호를 알 수 없도록 무작위로 섞어 앉는다(섞어 앉을 때에는 천으로 가려져 있어

상대팀이 섞어 앉는 모습을 알 수 없다).

③ 천을 가운데 두고 상대팀을 마주보고 앉는다.

④ 사회자는 번호를 순서대로 호명한다. "A팀과 B팀의 1번이 준비합니다"라고 말하면 각 팀의 1번이 준비한다.

⑤ "하나 둘 셋"에 각 팀의 1번이 일어선다.

⑥ 일어선 각 팀의 1번은 상대팀의 1번 이름을 먼저 호명하면 점수를 얻는다(먼저 불린 사람은 자리로 돌아가고 먼저 부른 사람은 그대로 남아 있다).

⑦ 사회자가 부르는 번호가 아닌데 일어서는 사람(처음에 한두 명은 꼭 있다)이 있으면 상대팀의 부전승으로 간주한다.

⑧ 한 팀에서 2~3명 정도 남았을 때는 번호를 다시 초기화한다(미리 예측하여 얼굴을 확인하지 않고 말하는 것을 방지하기 위함이다).

⑨ 한 팀에서 한 명이 남으면 놀이가 끝난다(다른 팀에서 천을 올리자마자 이름을 말하기 때문에 한 명 남았을 때는 의미가 없다).

▶ 놀이의 팁

· 일어설 때는 끝까지 일어서도록 한다. 엉거주춤 일어설까 말까를 하는 경우가 있는데 그렇게 하지 않도록 사전에 주의가 필요하다.

· 일어나는 사람이 아닌 다른 사람이 말하지 않도록 한다. 승부에 몰입을 하면 한두 명씩 자신의 차례가 아닌데 말을 하는 경우가 있다. 연극을 할 때 다른 사람이 해야 될 대사를 자신이 하게 되면 연

극이 되지 않는 것처럼 이 놀이는 일어선 사람이 말을 해야 한다.

· 변형 활동으로 천 앞에서 번호를 정해서 몇 번이 일어설지 상의를 한 다음 '하나 둘 셋'에서 일어나서 이름을 말하면 먼저 말한 사람은 앉고 이름이 불린 사람은 자리로 돌아가는 놀이를 할 수 있다.

"지난 시간 어떤 활동을 했는지 기억나니?"

"네."

"어떤 활동이었어?"

"의자 빼기요."

"의자 앉기 놀이요."

"조금 자세히 설명해줄 수 있어?"

"모둠별로 어떤 상황을 주고 그곳에서 일어날 수 있는 갈등을 표현했어요."

"의자를 이용해서 장소를 표현해보고 '갈등'을 넣어서 장소에서 일어날 수 있는 갈등 요소를 통해 상황극을 만들었어요."

"맞아. 잘했어. 오늘은 천을 활용한 몸 풀기 놀이를 할거야. 얘들아! '까꿍'이라고 들어봤어?"

"네."

"언제 들어봤니?"

"아기들 어를 때요."

"맞아. 아기들을 어르고 놀 때 잘 쓰는 말이야. 그럼 어떻게 하는 놀이인지 설명해볼 수 있는 사람 있니?"

아이들은 두 손으로 눈을 가리고 까꿍을 하기도 하고 벽을 이용해서 까꿍을 하기도 한다. 무대가 소극장이나 시청각실이 아니라 교실일 경우 천을 가지고 장면을 전환하게 된다. 이 놀이는 아이들이 천을 익숙하게 받아들일 수 있게 하고 천으로 연극적인 요소를 표현해낼 수 있도록 도움을 준다. 까꿍 놀이에 대해 설명해준 후 아이들과 활동을 진행하면 좋다. 교사는 놀이가 끝난 후 어떤 일들이 일어났는지 질문을 던진다.

"놀이를 할 때 어떤 상황들이 있었나요?"

"이름을 잘 못 불렀어요."

"번호를 잊어버렸어요."

"그래 우리가 어떤 일에 몰입하게 되면 간혹 해야 될 일을 잊어버릴 때가 있어. 연극을 할 때도 마찬가지야. 혹시 내가 해야 될 대사를 잊어버리거나 뭘 해야 할지 모를 때 그때는 태연하게 다음 대사나 행동을 하면 돼. 우리는 대사가 틀렸다는 것을 알고 있지만, 관객은 모르고 있거든. 관객이 배우의 실수를 알아차렸을 때는 배우의 연기가 어색해지고 실수했다고 멈추는 순간이야."

교사는 놀이를 통해 연극 무대에서 일어날 수 있는 상황과 대처하는 방법에 대해 설명해주고 정리하는 활동을 한다.

04
상황극 만들기

주변에 있는 사물들을 가지고 즉흥적으로 상황극을 만드는 활동이다. 아이들은 순간적으로 상황을 만들어내기 어렵다. 그래서 상황극을 할 만한 소재를 안내하는 것이 필요하다. 도구는 다양하게 사용할 수 있는데 가능하면 교실에서 쉽게 구하거나 찾을 수 있는 것으로 한다.

즉흥 상황극 만들기

교실에서 가장 쉽게 구할 수 있는 도구는 천이나 신문 막대이다. 천은 사물을 자유롭게 변형할 수 있지만, 막대는 변형이 어렵다. 막대는 주로 고정적인 상황극에서 소재로 사용할 수 있고, 천은 비교적 자유로운 상황극에서 소재로 활용할 수 있다. 막대를 가지고 상황극을 할 때는 상대를 위협하는 무기나 사물로 변형하지 않도록 한다. 상상력과 표현력을 기르는 데 도움을 주는 활동이다.

▶ 준비물
보자기 크기의 천, 신문지, 그 외 적절한 소품 1개

▶ 놀이 방법
① 천, 신문 막대 중 한 개를 선택한다.
② 반 친구 1~2명을 선택한다.
③ 절대로 두 사람이 상의는 할 수 없고, 처음 사물을 선택한 친구가 하나의 상황을 만들어준다.
④ 상황을 만들 때는 대사를 한다.
⑤ 지목을 당해서 나온 친구는 상황을 이어간다. 한 번 나온 친구는 가능한 중복되는 상황을 만들지 않도록 한다. (예 : 천을 접어서 옐로카드를 든다. 한 친구를 지목해서 투우사의 포즈를 취한다. 다른 친구는 황소가 된다. 한 친구가 천을 접어 뒤집고 엎드린다.)

교사는 먼저 여러 상황의 예시를 아이들에게 설명해준다. 예를 들어 막대로 칠판을 가리키며 "선생님, 영어 숙제 다 하고 하교하도록 지도해주세요."라고 읽는다. 이럴 경우 막대는 지시봉이 된다. "누가 이 칼을 뽑을 것인가? 아무도 없나?", "제가 한 번 해보겠습니다. 도저히 뽑을 수 없습니다." 이렇게 대사가 진행될 때 한 사람이 나와 칼을 뽑는 시늉을 하면 막대는 신검 엑스칼리버가 된다. 또 막대를 가랑이 사이에 끼고 달리는 포즈를 취하며 "이랴! 이랴!" 소리치면 막대는 말이 된다. 이 활동을 통해 아이들은 연극에서 사용하는 소품은 관객과 배우의 공통된 합의가 있으면 어떤 용도로도 사용이 가능하다는 것을 배우게 된다.

"오늘 수업을 마친 소감 한마디 해볼까?"

"재미있었어요."

"어떤 장면이 기억나니?"

"선생님이 신검 엑스칼리버를 뽑는 장면이요."

"그랬구나. 고마워. 이처럼 우리가 쓰는 일상의 물건들이 배우와 관객이 알아차리기만 하면 다양한 소재로 나타낼 수 있다는 것을 기억했으면 좋겠다. 이해할 수 있지?"

"네."

글과 그림으로 상황을 표현하기

캐리커처 형태의 그림이나 특정한 상황을 나타내는 낱말 카드를 제시하여 말을 하지 않고 신체 표현으로만 상황을 전달하는 활동이다. 말로 전달하면 쉬운 내용을 표현을 통해 전달하려면 특정 상황을 모두가 이해할 수 있는 포즈를 취해야 해서 쉽지 않다. 글과 그림으로 상황을 표현하는 놀이는 무대에서 순발력과 창의력을 기르는 데 좋은 활동이다.

▶ 준비물
단어 혹은 그림이 그려져 있는 B5 정도 크기의 카드

▶ 놀이 방법
① 학생들을 두 팀으로 나눈다. (출석번호로 홀수, 짝수로 팀을 나눈다.)
② 교실 의자 배치는 두 팀으로 나눈다.
③ 두 팀에서 순서대로 각각 문제 출제자로 한 명씩 앞으로 나온다.
④ 문제 출제자는 교사가 질문이 쓰여 있는 종이를 보여주면 몸으로 설명을 한다. (문제의 예 : 바나나, 컬링, 아이언맨, 헤어드라이기, 태권도, 요가, 워너원, 배구, 불닭볶음면, 군인, 지하철, 전갈, 자유의 여신상, 이어달리기, 스키점프, 오징어, 트와이스, 레몬, 물개, 신데렐라, 피아니스트, 성화 봉송, 겨울왕국, 딱따구리, 간호사, 설거지 등)
⑤ 문제 출제자는 돌아가며 한 사람씩 앞으로 나온다.
⑥ 각 팀별로 4분 동안 표현을 보고 답을 말한다.
⑦ 문제가 어려울 경우 총 네 번의 패스를 할 수 있고, 패스를 하게 되면 다음 문제, 다음 사람으로 넘어간다.

▶ 놀이의 팁
· 문제를 내는 사람은 입으로는 아무 소리도 낼 수 없다. (멍멍, 짹짹

같은 의성어도 말할 수 없다.)
· 시간 배분을 위해서 빨리 움직이도록 한다.
· 질문은 교사가 한 사람씩 보여준다. 아이들을 A, B 두 팀으로 나
  누고 단어 혹은 그림이 그려져 있는 질문지를 보여준다.

먼저 지난 시간 했던 활동을 기억하기 위한 질문을 던진다.

"우리 지난 시간에는 뭐했지?"

"천과 신문 막대를 가지고 표현 활동을 했어요."

"놀이도 했어요."

"까꿍 놀이를 했어요."

"자, 그럼 오늘은 그림을 통해 상황을 표현하는 활동을 할 겁니다."

교사는 학생들이 그 전 활동을 어떻게 기억하고 있는지 질문을 한
다음 오늘 하는 활동에 대해 설명해준다. 그리고 활동이 끝난 후에 아
이들에게 질문을 던진다.

"해보니까 어때요?"

"답답했어요."

"어떤 걸 표현하는 게 어려웠어요?"

"오징어요."

"그래. 말로 할 수 있는 것을 몸으로 표현하려면 이렇게 어렵단다.
그런데 말로 표현하는 것도 생각만큼 쉽지 않다는 것도 알게 될 거야.
다음 시간에 말로 표현하는 활동을 해볼 거야."

이처럼 아이들은 놀이를 통해 언어를 효과적으로 전달하는 법을 배우게 된다. 또한 몸짓으로 표현하는 의사소통을 잘하기 위해서는 구체적인 이미지를 떠올릴 수 있는 표현이 필요하다는 것을 깨닫게 된다. 이 활동을 통해 아이들은 비언어적 표현에 대해 감각적으로 경험하고 무대에서의 제스처를 어떻게 하는 것이 자연스러운지를 배우게 된다.

그림 속 상상의 대사 표현하기

아이들에게 익숙한 그림 속 장면을 상상의 대사를 넣어 표현하는 놀이다. 책을 읽다 보면 중간 중간 삽화가 등장한다. 삽화는 책의 주제와 관련된 상황을 함축적으로 전달한다. 그러나 이 놀이는 책의 주제와는 상관없이 그림 속 상황을 표현해보는 활동이다. 그림이 표현하는 구체적인 이야기를 제외하고 상황만 가져오는데, 익숙한 장면을 낯설게 보고 다양한 상상을 해보는 데 도움을 주는 놀이다. 교과서 표지의 그림이나 아이들에게 익숙한 이야기 속의 그림을 활용하면 좋다.

▶ 준비물
아이들에게 익숙한 이야기 속의 그림

▶ 놀이 방법
① 모둠별로 그림을 보고 하나의 구체적인 이야기를 설정한다.

② 한 사람당 한 명씩의 인물을 정한 후 그 인물의 대사를 말풍선으로 넣어본다.

③ 아이들이 활동하기 전에 말풍선을 먼저 채우도록 안내한다.

④ 어떤 대사를 넣을지 정하고 대사에 어울리는 행동을 한다.

⑤ 대사를 말하는 순서를 정한 후 하나의 이야기가 될 수 있도록 완성한다. 말풍선에 적힌 대사보다 더 많은 대사를 추가로 말할 수도 있다.

⑥ 상황극 발표는 30초 정도의 짧은 이야기로 구성한다.

▶ 놀이의 팁

· 발표를 하는 사람들이 발표를 하면서 웃지 않도록 한다. 웃는 것
  은 관객의 몫이 될 수 있도록 안내한다.

· 시간이 부족할 경우 장면 설정과 대사정도만 발표해도 좋다. 상
  황 설정을 이해하는 것만으로도 충분하다.

"이번에는 그림 속 상상의 대사를 표현해볼 거야. 그림의 내용을 표
현하지 않고 그림 속의 상황만 가지고 와서 너희들이 상상해서 표현
하는 활동인데 잘 들어봐."

그림이 인쇄된 종이를 아이들에게 나누어준다. 학생들이 알 만한
그림(예 : 김홍도의 〈씨름〉)을 제시한다.

"혹시 이 그림 누가 그렸는지 아는 사람?"

"어? 이거 교과서에 나오는 그림인데?

"그래. 이 그림은 김홍도의 〈씨름〉이야. 이제 이 장면에서 시대적인
배경과 인물을 제거하고 상황만 가져올 거야. 그림 중앙에 몇 사람이
있어?"

"두 사람이요."

"그리고 주변에는?"

"두 사람을 지켜보고 있어요."

"그럼, 이제 이 그림의 상황을 생각해보자. 우리 주변에 어떤 두 사
람이 가운데 있고, 다른 사람들이 주변을 둘러서는 경우를 떠올려보

자. 어떤 게 있을까?"

"짱 뜨는 장면이요."

"에이, 그건 아니지."

"싸우는 장면과 관련해서 스포츠로 생각하면 UFC가 있지. 이렇게 생각해봐도 된다."

"결혼식이요."

"그래. 결혼식에는 어떤 사람들이 있지?"

"신랑, 신부, 주례자, 하객들이 있어요."

"그러면 그 사람들이 할 만한 대사를 생각해보는 거야."

상황의 예시

주례자 : "신랑 신부는 머리카락이 파뿌리가 되도록 사랑하겠는가?"

신랑 : "약속합니다."

신부 : "약속합니다."

구경꾼 1 : "축하해."

구경꾼 2 : "축하해."

아이들은 김홍도의 〈씨름〉을 가지고 뮤지컬 공연을 보는 사람들, 영화 촬영 현장의 주인공과 스태프들, 동물의 왕국에서 사자와 호랑이가 싸우는 장면, 싸움의 한 장면과 구경꾼들로 상황을 설정했다. 이런 상황 설정을 통해 아이들은 익숙한 장면을 낯설게 보고 새로운 상황을 만들어낼 수 있다. 이런 경험은 무대에서 공연을 할 때 자연스러운 애드리브를 가능하게 한다. 그리고 아이들 개인이 가지고 있던 경험을 모둠이 함께 생각해볼 수 있는 기회를 제공한다.

이야기 속 인물의 고민 상상하기

이야기 속 인물의 고민을 상상해보는 놀이다. 연극 속에서의 배우의 고민이 아이들의 삶 깊숙이 들어와 있는 고민이라면, 이야기 속의 고민은 심리적 거리감을 유지하면서 생각해볼 수 있다. 우리가 알고 있는 이야기 속에서의 인물의 고민이 아닌 이야기가 끝난 후에 인물이 어떠한 고민을 했는지 상상하도록 한다. 이때는 이야기와 연관이 있되 이야기에 드러나지 않은 고민을 상상하는 것이 좋다. 이야기의 소재는 누구나 다 알고 있는 동화를 가져온다. 연극에서 배우들의 심리를 이해하고 표현하는 데 도움이 되는 활동이다.

상황의 예시 - 〈별주부전〉

용왕의 고민 : 병이 낫지 않아 병이 악화되어 생기는 고민 말고 내가 죽으면 후계를 어떻게 할까? 라는 고민을 할 수 있다.

자라의 고민 : 자신의 실수로 토끼를 놓쳐 받게 될 용왕의 징계에 대한 고민이나 용왕의 징계로 홀로 남을 자신의 가족의 장래에 대한 고민을 할 수 있다.

개인별로 고민을 정하도록 하고 각자 고민에 대한 이야기를 표현해 본다. 고민이 생각나지 않는 학생들은 친구들의 이야기를 들으면서 떠오르는 생각을 말할 수 있다. 학생들 모두가 고민상담소 역할을 하여 고민을 들어준다. 활동에 몰입하기 위해 차분한 분위기를 연출할 필요가 있다. (눈을 감고 1분 정도 시간을 준다.) 반 전체가 모두 둥글게 모여앉아 가운데 촛불을 켜놓고 심리적으로 편안한 분위기를 만들고 차분하고 조용한 음악을 준비해도 좋다.

"안녕하세요. 여러분! 고민상담소에 오신 분들을 환영합니다. 모두 처음 뵙는 분이시죠. 서로 인사하세요. 고민상담소의 규칙을 안내해드리겠습니다. 우선 어떤 이야기에 나오는 인물인지를 소개해주세요. 그리고 어떤 고민이 있는지 말씀해주시면 됩니다."

이 활동에서는 첫 고민을 말하는 학생이 상당히 중요한 역할을 한다. 아이들은 고민을 말하고 나면 고민에 대한 해답을 제시하려고 한다. 교사의 마음도 그럴 때가 있다. 그러나 우선 고민만 들어보도록 한다. 다만 그 고민을 통해 일어나는 다양한 생각을 잘 모아두면 다음에 연극의 한 장면으로 펼칠 수 있다.

"저는 〈아기 돼지 삼형제〉의 막내에요. 두 형들이 우리 집에 와서 집이 너무 좁아요. 원래 혼자 살려고 집을 지었는데 말이죠."

"감사합니다. 일단 고민을 들어보는 것으로 하겠습니다. 다음 사람 말씀하세요."

"저는 토끼와 거북이에서 낮잠을 자서 경기에 진 토끼입니다. 그 이후로 잠을 잘 못 자는 습관이 생겼어요. 다른 친구들이 거북이에게 졌다고 놀리기도 하고요."

"잘 들었습니다. 또 다른 고민을 들어보기로 하죠."

"저는 백설공주예요. 난쟁이 집에서 오래 살아서 난쟁이들이 보고 싶어 만나러 가고 싶은데 남편이 바람피운다고 못 가게 하네요. 어떻게 하면 좋을까요?"

"네. 잘 알았습니다. 남편 분께서 의심이 많아 고민이시군요. 다음 고민 한 번 들어보겠습니다."

"저는 〈아기 돼지 삼형제〉의 첫째 돼지인데요. 동생 집에 얹혀살고 있는데 동생이 자꾸 나가라고 눈치를 주네요. 밥도 조금 주고 좁은 방에서 지내라고 하네요."

"그렇군요. 형인데 동생의 눈치를 보고 살고 있었군요. 또 다른 고민을 들어볼까요?"

"저는 〈아기 돼지 삼형제〉의 둘째인데요. 저는 늑대가 다시 오면 동생을 지켜주고 싶어서 동생 집에 있는데 동생이 자꾸 눈치를 주네요."

"또 다른 고민은 없나요?"

"저는 〈백설공주〉의 첫째 난쟁이인데요. 백설공주가 떠나고 나서 다른 형제들이 백설공주가 보고 싶다고 일을 안 해서 제가 혼자 일을 다 하느라 너무 힘들어요."

"아, 그렇군요. 정말 힘드시겠어요. 첫째 난쟁이님의 고민을 잘 들었습니다. 또 다른 고민 없으신가요? 그럼 이제 고민상담소에서 나와 다른 이야기를 들어보겠습니다."

지금까지 들었던 고민들 가운데서 주인공을 중심으로 그룹을 나누어 상황극으로 연극을 만들어본다. 이 장면에서는 고민에 대해 집중하고 해결책은 가능하면 제시하지 않는다. 다만 해결책은 열린 결말이 나올 수 있는 정도로 제시하는 것만 허용한다.

역할 상황극을 할 때 고민을 재치 있게 이야기한 학생을 주인공으로 이야기를 만든다. 이야기를 중심으로 등장인물의 고민만 들려주기 때문에 주인공 외 인물은 배경 혹은 주변 인물로 처리해도 좋다. 모둠별 활동을 통해 완성된 상황극을 발표하고 그 가운데 하나의 상황을 전체 연극으로 발표할 수 있다.

고민상담소 브레인스토밍

고민상담소에서 발표된 모둠의 고민 중 한 가지를 정해서 학급 전체가 정리해서 짧은 상황극을 만들어 발표한다. 지난 시간 나왔던 고민들 중 열린 결말이 나올 수 있는 고민 한 가지를 정해서 학급 전체가 상황극을 만들어본다. 〈아기돼지 삼형제〉 중 막내의 고민을 다시 들어본다.

고민의 예시

"늑대를 피해서 형들이 우리 집으로 와서 집이 너무 좁아요. 그래서 형들이 가줬으면 좋겠는데 안 가네요. 이것이 고민이에요."

이 고민을 활동의 실마리로 제시해준다. 그런 다음 이 고민은 버리고 새로운 고민을 모둠별로 만들어본다. 즉 막내 돼지는 등장하지만 이전의 고민과는 다른 고민을 각 모둠에서 상상해보는 것이다.

아기 돼지 삼형제를 주인공으로 각 주인공의 새로운 고민을 제시하고 그 고민에 어울리는 상황극을 만들어 발표한다. 상황극을 만들기 전에 먼저 이야기의 얼개를 정하는 것이 필요하다. 모둠끼리 이야기에 대해 의논한 후 이야기에 어울리는 배역과 배경을 정한다.

상황의 예시 1

"형들도 집안 청소 좀 해! 왜 나만 청소해야 돼?"

"그건 네 집이니까 그렇지."

"그래? 그럼 형들은 나가줘. 여긴 내 집이니까!"

"아! 무작정 나가면 늑대가 다시 올지 모르니까 다시 집을 지을 때까지만 기다려줘."

"그럼 청소라도 하던가!"

상황의 예시 2

"동생 녀석이 자기 집이라고 너무 유세를 떠네. 나도 방 청소는 하는데 동생이 머리카락 하나만 있어도 지저분하다고 하니 너무하네."

"그게 아니라 머리카락 외에 다른 것도 있으니 문제지."

이렇게 다양한 이야기를 모아서 하나의 장면으로 연결하면 학급 전체가 발표할 수 있는 작은 연극이 될 수 있다. 이정도 규모는 학예회 연극으로 꾸며도 좋다.

속담이나 고사성어를 비유하여 상황극 만들기

익숙한 속담이나 고사성어를 이용해서 학교에서 있을 만한 상황극을 만들어 표현한다. 먼저 다양한 방법으로 그룹을 나눈다.('사과, 배, 감, 귤', '1, 2, 3, 4', '아이언맨, 헐크, 캡틴아메리카, 호크아이' 등) 속담을 그룹별로 나누어주고 속담의 상황에 대해 이야기한다. 속담과 비슷한 상황으로 학교에서 일어날 만한 사건을 재구성한다.

주의할 점은 속담에 나타난 인물이나 상황이 아니라 학교에서 일어날 만한 이야기를 만들어야 한다는 점이다. 예를 들어 '우물 안 개구리'로는 자신이 최고라고 믿는 한 학생이 전학 온 친구로 인해 자신의 어리석음을 깨닫게 되는 상황을 이야기로 만들 수 있다.

속담의 예시

똥 묻은 개가 겨 묻은 개 나무란다, 소 잃고 외양간 고친다, 돌다리도 두드려보고 걷는다, 가는 말이 고와야 오는 말이 곱다, 종로에서 뺨

맞고 한강에서 눈 흘긴다, 서당 개 삼년이면 풍월을 읊는다 등

고사성어의 예시

새옹지마, 우공이산, 안하무인, 오비이락, 사필귀정 등

아이들이 고사성어의 의미를 잘 모를 경우 고사성어와 관련된 에피소드를 들려주어도 좋다. 좋은 일이라고 생각했던 일이 나쁜 결과를 가져오고 나쁜 결과가 다시 좋은 의미를 가져오는 새옹지마 이야기, 우직하게 목표를 정해 묵묵히 일을 했을 때 불가능하게 보인 일이 이루어졌다는 우공이산 이야기, 세상에 자신의 눈 아래에 아무도 없다는 듯이 오만하게 행동하는 안하무인 이야기, 까마귀 날자 배 떨어진다는 오비이락 이야기, 모든 일은 반드시 바르게 맺어진다는 사필귀정 이야기 등을 아이들이 잘 이해할 수 있는 이야기로 들려주면 된다.

상상하고 표현하며 성장하는 즐거움!
교육 연극의 실제를 만나다

연극 수업에서 교육과정은 크게 국어의 문학 영역을 중심으로
다른 교과와 통합하여 재구성할 수 있다. 재구성하기에 앞서
각 교과의 성취수준을 분명히 알아야 한다. 그리고 너무 넓은 범위의 목표를
잡으면 자칫 수업이 아닌 놀이 형태로 연극 수업이 이루어질 염려가 있다.
연극 수업은 연극을 잘하는 것이 아닌 수업으로
연극 활동을 하는 데 목표를 두어야 한다.

Part 5
연극 수업의 실제

"궁금한 것이 있습니다."

우리 두 사람의 이야기를 듣고 있던 다른 후배가 물었다.

"뭐가?"

"선배님이 하신 이야기는 이해가 돼요. 제가 할 수 있을지는 모르겠지만 대충 그림은 그려져요. 그러면 교육과정을 재구성해서 진행하셨다는 것이죠?"

"그렇지."

"수업 시수는 어떻게 확보하셨어요?"

다른 후배가 질문을 해왔다. 교육과정 재구성과 관련하여 오랫동안 고민했었기에 생각나는 대로 이야기를 끌어갔다.

"일단 국어에서 주로 가져오고 음악과 미술에서도 2시간 정도 가져오고 부족한 부분은 창체에서 가져왔지."

"그게 가능한가요?"

"일단 국어에서는 문학 관련 단원으로 크게 3단원이 있잖아.(2009 개정교육과정 기준) 여기서 21차시를 가져오고, 음악과 미술에서 6차시 그리고 창체에서 10차시를 가져오면 37차시가 되지. 이정도면 충분히 가능하다고 생각해."

"그래도 연습 시간이 부족할 것 같은데요."

"극본을 쓰는 것까지는 과제를 통해서 어느 정도 틀을 잡고, 수정하는 부분에서 2차시 정도를 사용했던 것 같아. 그리고 미술과 음악에서도 포스터와 배경을 그리는 데 수업을 할애했던 것 같고."

"그럼 수업 시간 외에 다르게 진행한 것은 없나요?"

"극본을 쓰는 것과 수정하는 부분에서는 과제를 내주었지. 전체적으로 수업에서 시간을 보낸 것은 배역에 대한 안내와 배역을 정하는 것이 2차시, 그리고 표현 활동은 처음부터 한 꼭지 정도를 하다가 본격적인 연습을 포함하면 10차시 정도 할 수 있어. 물론 이 과정에서 배역의 캐릭터를 잡아가야지. 만일 연극 공연을 보러 간다면 4차시 정도는 따로 확보가 가능해. 그다음에는 연습이 10차시, 무대 배경을 준비하는 데 4차시, 리허설 2차시, 무대 공연 2차시, 피드백 4차시 정도면 무대에 올릴 만한 공연이 만들어지는 것 같아. 중간 피드백을 하게 되면 조금 더 여유로울 수 있을 것 같고."

후배들과 수업 시수에 대한 이야기를 하고 나서 수업 시수 확보와 수업 진행 과정에 대한 정리를 해야겠다는 생각이 들었다.

01
연극 수업의 교육과정 재구성

　연극 수업에서 교육과정은 크게 국어의 문학 영역을 중심으로 다른 교과와 통합하여 재구성할 수 있다. 재구성을 하기에 앞서 각 교과의 성취수준을 분명히 알아야 한다. 물론 더 넓은 의미에서의 교과목표를 찾고 그 교과목표를 수행하기 위해 재구성을 해도 문제가 없지만, 정규 교육과정 안에서 너무 넓은 범위의 목표를 잡으면 자칫 수업이 아닌 놀이 형태로 연극 수업이 이루어질 염려가 있다. 연극 수업은 연극을 잘하는 것이 아닌 수업으로 연극 활동을 하는 데 목표를 두어야 한다. 2015개정교육과정에서는 연극 단원이 10차시로 들어와 있기 때문에 연극에 대한 접근은 이전보다 용이한 편이다. 그러나 공연을 목표로 연극 수업을 진행한다면 10차시로는 많이 부족하다. 그래서 공연을 준비한다면 독서 단원과 문학 단원을 포함해서 충분한 시수 확보가 필요하다.

연극 수업과 관련된 국어 단원은 작게는 독서 단원과 연극 단원으로 볼 수 있는데, 범위를 좀 더 넓게 잡으면 앞의 문학 단원과 글 고쳐 쓰기에서 극본을 수정하는 과정을 포함할 수 있다. 또한 연극 단원의 목표와 문학 단원의 목표를 성취목표로 가져올 수 있다. 즉 '연극 공연을 통해 자신의 생각이나 느낌을 공유할 수 있다.', '작품에 등장하는 인물의 삶을 이해하고 자신의 삶과 관련지을 수 있다.'를 가지고 수업을 진행했을 때 성취목표나 평가에 큰 부담 없이 재구성이 가능하다. 그 외에 음향과 관련해서는 음악 감상을, 무대 배경이나 연극 안내 포스터 그리기는 미술의 표현과 감상의 영역을 수업 시수에 포함하여 재구성할 수 있다. 그리고 연습 시간이 좀 더 필요하다면 창체 활동이나 체육 교과를 활용할 수 있다.

이 장에서는 고학년 군에서 국어 교과를 중심으로 재구성할 수 있는 교육과정을 담았다. 연극 수업을 중심으로 통합 가능한 시간은 최소 30차시 정도가 가능하고, 최대 45차시 이상도 가능하다. 30차시로 진행할 때에는 중간 점검을 한 번 정도 하는 것이 좋고 40차시 이상으로 진행할 때에는 중간 점검을 두 번 정도 하는 것을 추천한다. 한 가지 활동을 너무 길게 끌고 가게 되면 수업이 지루해져 흐지부지되는 경우가 있기 때문이다. 중간 점검을 할 때에는 활동지를 미리 준비해 두는 편이 좋다. 공연이 끝나고 정리 활동을 할 때에는 공연을 관람한 반을 대상으로 활동지를 작성해서 아이들과 함께 돌아가며 읽고 나서 신문기사나 글쓰기로 마무리할 수 있다.

연극 재구성 차시별 수업 흐름 및 주요 내용(2015개정교육과정 기준)

관련 교과	배당 시간	관련 단원 및 영역	성취 기준(활동 내용)	수행 평가
국어	30	독서단원(10) 1. 작품 속 인물과 나(10) 연극 단원(10)	**사람들의 삶을 다룬 책을 읽고 독서 능력과 태도를 기를 수 있다.** 작품에 등장하는 인물의 삶을 이해하고, 인물의 삶과 자신의 삶을 관련지을 수 있다. 극본을 읽고 연극을 할 수 있다. – 갈등의 개념 이해하기 – 인물의 성격과 처지 파악하기 – 인물 간의 갈등 파악하기 **연극에서 반언어적, 비언어적 표현의 특성을 살려 실감 나게 연기한다.** – 반언어적, 비언어적 표현의 유형과 기능 이해하기 – 인물의 성격에 맞는 표현 탐색하기 – 감정을 이입하여 실감 나게 표현하기	연극 공연을 통해 자신의 생각이나 느낌을 공유할 수 있다. 작품에 등장하는 인물의 삶을 이해하고 자신의 삶과 관련지을 수 있다.
창의적 체험 활동	6	표현 활동 (연극 놀이)	감정과 느낌을 살려 다양한 신체 활동을 할 수 있다. 주어진 상황을 적절히 활용하여 표현 활동을 할 수 있다.	
미술	4	5. 생활 속 미술	**연극 포스터 만들기**	

연극 관련 주요 개념	**갈등** 소설이나 희곡에서 등장인물 사이에서 일어나는 대립과 충돌, 또는 등장인물과 환경 사이의 모순과 대립 **연극** 배우가 무대 장치, 조명, 음악 등의 도움을 받아 연출자의 지도 아래 각본에 의해 연기를 하며 관객에게 보이는 종합예술 **연극의 4요소** 무대, 배우, 관객, 희곡 **희곡** 문학의 한 갈래. 공연을 목적으로 하는 연극의 극본. (극본 : 연극 극본, 방송 극본 등) **희곡의 3요소** 해설, 지문, 대사 **해설** 희곡의 첫머리, 막이 오르기 전후에 필요한 무대 장치, 인물, 배경 등을 설명하는 글 **지문** 배경, 효과, 조명, 등장인물의 행동, 표정, 심리 등을 지시하고 설명하는 글. 현재형으로 쓴다. **대사** 등장인물이 하는 말로 대화, 독백, 방백이 있다. 대화는 두 사람 이상이 주고받는 말, 독백은 상대방 없이 혼자 하는 말, 방백은 관객에게는 들리나 상대역에게는 들리지 않는 것으로 약속하고 하는 대사 **반(伴)언어적 표현** 목소리의 크기, 빠르기, 높낮이, 말투 등 (언어적 표현에 따라붙거나 동반되는 표현) **비(非)언어적 표현** 시선, 표정, 몸짓 등 (언어적 표현이 아닌 표현)

차시 (블럭)	학습 주제	주요 내용	비고
1	연극 수업의 안내 및 연극의 개념 알기	· 연극의 요소 알기 (무대, 배우, 관객, 희곡) · 희곡의 요소 알기 (해설, 지문, 대사) – 연극 놀이	
2	연극 공연 영상 살펴보기	· 연극 영상 살펴보기 – 영상 보며 이야기하기 – 연극 놀이	
3	극본 쓰기 및 고쳐 쓰기	· 전체 극본 쓰기 후 극본 선정 · 해설, 지문, 대사를 역할에 맞게 수정 – 연극 놀이	과제로 제시

연극, 수업을 바꾸다

4	인물의 성격 파악	· 연극으로 만들 이야기 속의 인물 파악하기 · 주요 인물의 성격 파악하기 　– 연극 놀이	1차 극본 읽기
5	갈등 찾기	· 인물 사이의 갈등 상황 찾기 · 갈등의 원인 찾기 　– 연극 놀이	2차 극본 읽기
6	내용 및 사건 파악	· 사건의 발단에서 종결까지의 과정 알기 · 전체적인 내용 정리하기 　– 연극 놀이	3차 극본 읽기
7	배역 및 역할 정하기	· 인물의 성격에 맞는 역할 정하기 　– 지원 우선, 추천으로 순서 정하기 · 배경, 효과, 조명 담당자 정하고 　역할 분담하기	배역의 고정이 아닌 순서 결정
8	연극 놀이 및 표현 활동	· 연극 놀이를 통한 표현의 의미 이해하고 　극본의 배역 연습하기 　– 큰 움직임 정하기	
9	연극 놀이 및 표현 활동	· 인물의 성격에 맞는 표현 탐색, 　극본 연습하기 · 역할 준비 상황 점검	
10	연극 놀이 및 표현 활동	· 비언어적 표현의 의미 이해하고 　지문 보충하기 · 인물의 성격에 맞는 표현 탐색하기 　– 작은 움직임 정하기	
11	중간 점검 (활동지 준비)	· 연습 과정에서 경험한 내용 정리하기 　– 주제 글쓰기 혹은 주말 과제로 이용 · 앞으로 준비해야 할 부분 찾아보기	설문 조사 혹은 이야기 나누기
12	연극 놀이 및 표현 활동	· 인물의 성격에 맞는 표현 탐색, 　극본 연습하기 · 극중 장면에 어울리는 표현 탐색하기	
13	스태프와 함께 연습하기 1	· 음향 및 조명과 맞춰 연습하기 · 소품 담당의 동선과 순서 확인하기	

14	스태프와 함께 연습하기 2	· 음향 및 조명과 맞춰 연습하기 · 조명 및 소품 순서를 확인하며 연습하기	
15	중간 점검 (인터뷰 질문 준비, 활동지 준비)	· 연극 공연 관람(체험 활동) – 공연 관람 시 질문 준비하기(배우, 스태프) · 관람 소감 글쓰기(인터뷰 내용 포함해서)	공연 관람이 어려울 경우 준비된 영상 시청으로 대체
16	연극 공연 준비하기	· 연극 포스터 만들기 · 연극 배경 만들기	미술 2
17	무대에서 리허설 하기	· 무대의 특징에 알맞은 행동 익히기 · 감정을 이입하여 실감 나게 표현하기 · 서로 평가해주고 고쳐주기	
18	연극 공연하기	· 무대 위에서 실감 나게 표현하기 · 자신의 역할을 다하여 무대 완성하기 · 진로 탐색하기	진로 2
19	연극 관람하기	· 다른 반 친구들의 무대 관람하기 · 서로의 무대를 평가하여 보기	
20	정리 활동 (활동지 준비)	· 공연 후 정리하기 · 돌아가며 한 마디 · 관람 설문 돌아가며 읽기	관람 설문 읽기, 글쓰기, 신문 기사 작성하기 등

연극, 수업을 바꾸다

02
극본 읽기

    이 장에서 소개할 극본 〈전학생의 비밀〉은 한 학교에서 불같은 성격으로 인해 문제를 일으켜 학교폭력위원회의 결정으로 다른 학교로 전학을 가게 된 학생의 이야기이다. 새로 전학간 학교에서 문제를 일으키기 싫어 다른 친구들의 괴롭힘을 참다가 싸움이 일어나는 내용인데 제목처럼 큰 비밀이 있는 것은 아니다. 이 극본의 경우 5학년 때 집단 따돌림을 당한 경험이 있는 학생이 자신의 이야기를 모티브로 썼다. 그 아이가 새로운 학교에서 마음속으로 겪었던 갈등이 극본에 나타난 것이 보였다. 이전까지의 연극 극본을 보면 대부분은 이성교제에 대한 이야기 혹은 집단 따돌림에 대한 이야기가 주를 이룬다. 아이들의 관심사에 대해 알 수 있는 대목이다. 극본이 선정되고 나서 아이들이 함께 수정을 하고 최종적으로 완성하였다. 그리고 나서 완성된 극본을 반 전체 인원이 한 부씩 가질 수 있도록 출력해서 나누어주었다.

〈전학생의 비밀〉

글쓴이 김○○
극본 수정 6학년 4반
등장인물 선생님, 일진 무리(4명), 전학생, 영어선생님, 학생 1, 학생 2,
학생 3, 학생 4, 전학생 아빠

A 학교에서 불같은 성격을 가진 학생이 욱하는 마음에 친구와 싸웠다. 이 싸움이 크게 문제가 되어 학교폭력위원회가 열렸고, 학교폭력위원들은 상담 60시간을 받을 것과 B 학교로 강제 전학 처분 결정을 내렸다. 새로운 학교로 전학 가기 전 학생은 부모님의 간곡한 부탁으로 새 학교에서는 조용히 지내기로 약속한다. 그렇게 전학생은 B 학교로 전학을 간 첫날에 등교를 한다.

- 1막

(학생들은 웅성거리며 삼삼오오 교실에 모여 있다.)

(시작 종소리가 울리자 선생님이 교실 문을 열고 등장하지만 여전히 소란스럽다.)

[시작 음악]

선생님 : (교실에 들어선 선생님은 팔짱을 끼고 제일 시끄러운 쪽을 쳐다본

다. 아이들의 떠드는 소리가 줄어들자 낮고 굵은 목소리로) 다 떠들었니?

학생들 : (순간 정적이 흐른다. 그때 창밖에 누가 어른거린다.)

학생 1 : (한 학생이 창밖을 보며) 선생님, 밖에 누구 왔어요.

(몇몇 학생들이 고개를 내밀고 아이들은 다시 웅성거리기 시작한다.)

선생님 : (종을 치며) 조용! (조용해지자 교실 앞문을 열고 전학생을 발견한다.) 들어와!

전학생 : (한 학생이 긴장한 듯 쭈뼛거리며 교실로 들어온다.)

선생님 : (학생들을 쳐다본 후 전학생의 얼굴을 보며) 친구들에게 자기소개 할 수 있겠니?

전학생 : (우물쭈물해하며 더듬거리는 목소리로) 네… 아… 안녕, 나는 전학 온 김○국이라고 해.

학생들 : (전학생이 소개를 하는 도중에 학생들은 떠들고 있다가 전학생의 작은 목소리 때문에 안 들린 듯 서로 귓속말을 하며 전학생을 손가락으로 가리킨다.) 쟤 뭐라는 거야.

일진 1 : (무시하는 말투로 히죽거리며) 야~ 안 들려. 크게 좀 말해봐.

학생들 : (키득거리며 군데군데 아이들의 목소리가 들린다.) 맞아! 안 들려! 더 크게 해봐!

선생님 : (아이들이 소란하자 큰 소리로) 조용히 해!

학생들 : (선생님의 목소리에 조용해진다.)

선생님 : (아이들이 조용해지자 전학생을 쳐다보며) 네가 앉고 싶은 곳에 앉아라.

일진 2 : (선생님께 따지듯이 말하며) 에이~ 선생님. 그건 아니죠. 우리 한테는 안 그랬잖아요. 왜 전학생만 원하는 대로 앉아요?

학생들 : (수군거리듯 말하며) 새로 온 아이라고 우리랑 차별하는 건가.

선생님 : (당황하며 학생들의 이해를 바라는 목소리로) 전학생은 처음이니 이해해주렴.

학생 1 : (반항하듯) 3월은 우리도 처음이었어요.

학생들 : (합창하듯) 맞아! 맞아!

선생님 : (화가 난 듯 일진 2를 가리키며) 너 쉬는 시간에 연구실로 와!

일진 2 : (들으라는 듯 화를 내며) 아이씨. 다른 애들도 했는데 왜 하필 나야.

(그 사이 전학생은 조용히 비어 있던 맨 끝자리를 찾아가 자리에 앉는다.)

선생님 : (전학생을 보며) 그 자리에 앉을 거니?

전학생 : (작은 목소리로) 네.

선생님 : 알았다. 그리고 쉬는 시간에 이○비! 너는 연구실로 따라와!

일진 2 : (인상을 쓰며) 쳇. (따라간다.)

(학교 종소리가 울린다. 전학생은 조용히 책을 꺼내어 읽는다. 아이들은 전학생의 그런 모습을 쳐다본다.)

연극, 수업을 바꾸다

학생들 : (전학생을 쳐다보며 수군거린다.) 쟨 또 뭐야. 할 게 그렇게 없나.

일진 3 : (다가와서 이죽거리며) 야! 너 공부 잘하냐?

전학생 : (약간 상기되어) 못하지는 않는데 왜?

일진 3 : (전학생에게 건들거리며 다가온다.) 야! 너 때문에 ○비가 불려 갔잖아. 네가 책임지고 데리고 와라.

일진 1 : (옆에 있는 의자를 차며) 안 데리고 오면 우리가 가만 안 둬.

전학생 : (화가 난 듯 책상을 치며 자리에서 벌떡 일어선다.) 연구실이 어디야?

학생 1 : (전학생을 쳐다보며) 같이 가자. 내가 알려줄게

전학생 : (알려준 대로 걸어가며 혼잣말로) 아이씨, 진짜 연기하기 힘드네. (연구실로 간다)

- 2막

(일진 2는 선생님께 혼난 후 반성문을 쓰고 있다. 화가 난 듯 책상에 볼펜을 팽개치듯 내려놓는다. 전학생이 연구실에 들어오자 전학생에게 위협하듯 다가간다.)

일진 2 : (협박하듯 전학생의 어깨에 손을 올리며) 너 같은 것 때문에 반성문까지 써야겠냐?

전학생 : (당황하여 머뭇거리며) 어… 응 미안해.

(전학생이 먼저 들어오고 일진 2는 까불거리며 뒤따라 들어온다. 교실에 도착하자 일진 1, 3이 어이없다는 듯 전학생을 바라본다.)

일진 1, 3 : (팔짱을 끼며 전학생을 노려본다.) 어이~ 전학생! 우리 ○비는 잘 데리고 왔냐?

(전학생이 말하려는 찰나 수업 시작종이 울린다. 학생들은 자리에서 떠들고 있다.)

일진 4 : (밖을 쳐다보며 큰소리로 말한다.) 야! 쌤 온다.

(웅성거리던 학생들은 재빨리 자기 자리로 돌아가 앉는다.)

선생님 : (교실 문을 열고 교탁 앞에 서서) 자, 수학책 펴라.

(일부 학생은 사물함에서 책을 가져온다.)

전학생 : (가방에서 책을 꺼내며) 후… 이것들이 보자보자 하니까 만만하게 보네.

(수업 시간, 전학생은 수업 내내 생각에 잠긴다.)

(시계 소리)

선생님 : (선생님의 수업 마치는 목소리가 들린다.) 이상 수업 끝!

학생들 : (학생들은 약속이나 한 듯 자리에서 일어나 교실 밖으로 뛰쳐나간다.) 와!

전학생 : (순간 어리둥절해하며) 뭐지? 애들이 왜 다 밖에 나가지?

선생님 : (전학생이 놀라하는 모습을 보고) 아! 맞다. ○국아, 오늘은 강당에서 놀 수 있는 날이란다.

전학생 : (자리에 앉으며) 아… 예. (자리에 앉아 읽던 책을 꺼낸다.)

(수업 시작종이 울린다. 학생들은 숨을 헐떡이며 교실로 들어온다.)

학생 1 : (영어책을 꺼내며) 야야! 늦었어! 빨리 앉아!

학생 2 : (급하게 소리치며) 나 영어 숙제 안 했다. 망했다.

영어선생님 : (빠른 걸음으로 문을 열고 들어온다.) 인사할게요. 숙제 다
했죠! (교탁을 두드린다.) 책상 깨끗이! 시험 볼게요.

학생들 : (쪽지 시험을 본다. 머리를 쥐어뜯으며) 아! 망했다.

(시계 소리)

(쉬는 시간 벨이 울리고 수업이 끝난다. 점심시간을 알리는 종소리가 울린다.)

학생들 : (한꺼번에 자리를 뛰쳐나가며) 와아아아! 점심시간이다!!

전학생 : (화장실로 가서 손을 씻고 물을 털고 나온다.)

선생님 : (학생들을 둘러보며 급식실로 안내한다.) 자, 내려가자!

(학생들은 조용히 선생님을 따라 식당이 있는 2층까지 내려간다.)

선생님 : 자, 급식을 받고 선생님이 있는 곳으로 와!

(학생들과 전학생이 급식을 받고 선생님에게 가는 도중)

일진 1 : (전학생의 뒤에서 서로 소곤거리며) 야, 너 먼저 가. 난 쟤랑 앉
기 싫어!

일진 2 : (다른 학생들을 째려보며) 나도 싫어!

학생 3 : (불쾌한 듯) 왜 나한테 그래. 나도 마찬가지야. 니들이 가.

선생님 : 자, 온 순서대로 앉으세요.

학생 4, 당번 5 : (앞에 학생을 다그치며 빠른 걸음으로) 야야! 빨리 가!

(학생들과 전학생이 모두 자리를 잡고 앉은 후)

일진 1 : (짜증스러운 말투로) 아이 씨, 내가 왜 얘 옆에 앉아야 되는데. 진짜 짜증 나네.

전학생 : (몸을 움츠리며) 미… 미안해.

일진 1 : (짜증난 목소리로) 야! 오늘만 앉아. 다음에도 옆에 앉으면 내가 너 가만 안 둘 줄 알아.

전학생 : (잔뜩 기가 죽은 목소리로) 으응, 알았어.

일진 1 : (밥을 다 먹고 급식판을 전학생 앞으로 내밀며) 내 급식은 네가 버려라. 난 간다. (나간다)

전학생 : (화를 누르며 일진 1의 급식판을 두고 나간다.) 아씨, 내가 버려 줄 거 같냐. (일진 1의 급식판 위에 자신의 것까지 던져놓고 간다.)

(점심시간을 마치고 교실로 돌아와서 책상을 보고 깜짝 놀란다. 책상이 어지럽혀 있고, 가방이 바닥에 버려져 있다.)

연극, 수업을 바꾸다

- 3막

전학생 : (쓰레기로 엉망이 되어 있는 책상을 보며 들릴 듯이 말한다.) 뭐야 이거 내… 내 책상이 왜 이래. (일진 무리를 보며) 야~ 이거 너희가 했어?

일진 1 : (책상을 보고 웃고 있다.)

전학생 : (인상을 쓰며) 하 씨… 진짜 내가 만만하나 보네. (속으로 이걸 엎어 말어 고민하다 참는다.)

일진 1, 2, 3 : (놀리듯이 서로 웃으며) 뭐래. 그거 우리가 그렇게 해놨지. 알아서 치워라.

일진 4 : 응. 수고.

전학생 : (화를 참으며 억지로 웃으려 하지만 참기 어렵다. 억지로 참는 듯한 표정을 지으며) 두고 봐.

(그렇게 수업이 끝나고 하교 시간이 되었다. 마치는 종소리)

학생 3 : 자~ 차렷! 열중 쉬어! 차렷! 선생님께 경례!

선생님, 학생들 : 감사합니다.

일진 1 : (주변을 바라보며) 야! 피방 가자!

일진 2, 3 : (가방을 메고 같이 가며) 오키 고고~

일진 4 : 오늘 내가 쏜다. 가즈아~

전학생 : (우울한 마음에 화를 삭히며 집으로 돌아간다.)

(전학생의 집)

전학생 : (말없이 자기 방으로 들어가 방문을 쾅 닫는다.)

아빠 : (아이의 표정에 불안해하며) 오늘 무슨 일 있었니?

　　　　(노크 소리) ○국아! 문 열어!

전학생 : (문을 열지 않고 큰소리로.) 아빠 신경 쓰지 마! (문 닫는 소리)

아빠 : (걱정하며 문을 두드린다.) ○국아! 문 열어봐 무슨 일이야?

전학생 : (방안에서 소리친다.) 나 좀 혼자 내버려둬!

(잠시 정적이 흐른다. 아빠는 생각에 잠긴 듯 이리저리 거실을 거닌다.)

아빠 : (문밖에서) ○국아! 아빠랑 얘기 좀 해.

(다시 정적이 흐른다.)

전학생 : (울먹이며 방 안에서 말한다.) 아빠 때문에 나 학교에서 왕따

됐어. (부탁하듯) 아빠, 나 그냥 내일부터 내 성격대로 다니면 안 돼?

아빠 : (걱정하는 목소리로) 그랬다가 또 강제 전학가려고?

전학생 : (짜증나는 말투로) 아빠 말대로 성격 숨기니깐 왕따 됐잖아!

아빠 : (안타까운 듯) 그래도 어떻게 안 되겠니?

(조용히 음악이 흐르고 불이 꺼진다.)

- 4막

(다음 날 아침, 가방을 메고 집을 나선다.)

전학생 : (애써 밝은 목소리로) 학교 다녀오겠습니다.

아빠 : (○국을 바라보며 걱정스러운 말투로) 그래. 무슨 일 있으면 엄마,

아빠한테 꼭 얘기해야 한다. 알았지?

전학생 : 네.

(무언가 결심한 듯 밝은 표정으로 등교한다.)

(8시 40분 교실 안)

전학생 : (자리에 앉았다가 관객을 보며 혼잣말로) 내가 만만하게 보이나.

(이때 문이 열리고 일진과 다른 학생들이 들어온다.)

일진 1 : (가쁜 숨을 몰아쉬며) 아, 졸라 덥네. 늦을 뻔했네. 나 안 늦었지?

일진 2 : (일진 1의 어깨를 짚으며) 그러게. 아직 쌤 안 온 거 같아.

일진 3 : (가방을 풀다 전학생의 머리를 친다.)

전학생 : (머리를 잡으며) 아~ 아야!

일진 3 : (놀리듯 말한다.) 야~ 거기 있었어? (웃으며) 미안.

전학생 : (화를 내며) 야! 그게 미안하다는 표정이야? 정식으로 사과해.

일진 2 : (전학생의 어깨를 잡으며) 야~ 정식은 무슨. 니 정식은 음식점에 있지. 친구가 미안하다잖아.

전학생 : (일진 2를 밀치며 일어선다.) 이것들이 보자보자 하니까 내가 그렇게 만만하게 보이냐.

일진 1 : (전학생의 어깨를 잡고 입 꼬리를 올리며 웃는다.) 야~ 우리 친구 ~ 그렇게 말하니까 무섭네. 왜 짱 뜰까? (이때 일진들이 전학생 주위로 몰려든다.)

전학생 : (화를 꾹 참고 천천히 말한다.) 내가 한 번 더 참는다.

일진 2 : (일진 3 사이로 웃으며 서 있다.) 왜 짱 뜨자고 하니 쫄리냐?

전학생 : (다시 자리에 앉으며 지지 않고 한마디 던진다.) 애~ 똥이 무서워서 피하냐? 더러워서 피하지.

일진 3 : (똥이라는 이야기에 전학생의 멱살을 잡는다.) 뭐? 똥! 이게 죽으려고 환장을 했나.

전학생 : (일진 3의 손을 내리쳐 멱살을 뿌리친다.) 좀 있으면 선생님 오시니까 수업 마치고 정문 앞에서 기다려.

일진 3 : 지랄하네. (주먹을 날린다. 조명이 꺼지고 싸우는 소리)

- 5막

(결국 전학생은 크게 싸웠다. 장면이 바뀌어 선생님 앞에서 일진과 전학생이 앉아 있다.)

선생님 : (싸운 학생들을 둘러보며) 왜 그랬어?

전학생 : (억울하다는 듯) 쟤네들이 먼저 시비를 걸었어요. 계속 참았는데 도저히 못 참아서 싸웠습니다.

일진 3 : (화를 내며) 저보고 똥이라고 했어요.

전학생 : (일진 3을 가리키며) 쟤가 먼저 때리려고 해서 싸웠어요.

선생님 : (학생들을 쳐다보며) 너희들 여기서도 싸우냐. 말로 하지 말고 글로 써. (종이를 건네준다.)

(그동안 있었던 일을 글로 쓴다.)

선생님 : (일진들이 쓴 글을 읽으며 혼잣말을 한다.) 아이고, 이 녀석들. 얘가 누군지 알았더라면 이렇게 시비 걸지 않았을 텐데. 쯧쯧, 잠자는

사자의 코털을 뽑는 것도 아니고.

일진들 : (궁금한 듯 일제히) 얘가 누군데요?

선생님 : (급히 말을 멈추며) 아, 아냐! 그냥 그렇다고.

전학생 : (선생님께 애원하듯) 선생님, 제발 그 얘기 안 하면 안 돼요?

선생님 : (전학생을 보며) 알았다. 미안. 네 과거를 생각나게 해서.

(잠시 침묵이 흐른다. 일진들은 그제야 전학생이 무언가 있다는 것을 눈치챈다.)

선생님 : (학생들이 쓴 글을 읽고 나서 학생들을 둘러보며) ○국아! 너도 전학 와서 너무 크게 일을 벌이지 않았으면 좋겠다. 그리고 너희들! (일진들을 보며) 전학생이 왔다고 시비 걸지 말고 잘 지내면 좋겠다. 한 번 더 이런 모습 보이면 가만 안 둘 거야.

일진, 전학생 : 네!

선생님 : 오늘일은 더 이상 문제 삼지 않으마. 그럼 다들 가봐!

(일진들과 전학생은 교실 밖으로 나가고 불이 꺼진다.)

〈전학생의 비밀〉이 완성되어 아이들에게 극본을 나누어주고 여러 번 극본을 읽었다. 처음에는 대사 하나에 한 사람씩 돌아가며 읽었다. 이 과정에서 아이들은 자연스럽게 자신의 끼를 드러내려고 하는 모습을 보였다. 이렇게 아이들과 극본을 여러 번 읽은 이유는 극본 수정 과정에서 크게 역할을 하지 못하는 학생들이 있었기 때문이다. 그 아이들이 다른 친구들이 쓰고 수정한 것을 읽음으로서 연극 활동에 스스로 참여하고 있다는 생각을 갖게 하고 싶었다.

교사의 입장에서 이 극본을 처음 읽었을 때는 갈등이 분명하지 않은 극본이라고 생각되었다. 제목은 커다란 비밀이 있는 것처럼 시작했는데 생각보다 큰 비밀은 아니었다. 그러나 아이들은 이 극본에 등장하는 주인공의 갈등을 크게 생각했는지 연습을 하는 과정에 점점 빠져들어갔다.

"얘들아, 극본을 읽어보니 각 역할의 성격을 알 수 있겠니?"

"네."

"그래, 그럼 한 번 확인해보자. 전학생의 성격은 어떨 것 같니?"

"자신의 감정을 숨기고 있어요."

"또 어떤 것 같니?"

"착한 것 같아요."

"왜 그렇게 생각했어?"

"부모님의 부탁으로 성격을 숨기니까요."

"그래, 그렇구나. 그럼 일진들은 어때?"

"학교에서 몰려다니며 자기보다 약한 친구를 괴롭히고 있어요."

"그럼 전학생과 일진들이 부딪치면 전학생은 얼마나 참을 수 있을 것 같니?"

"한두 번? 세 번?"

"전학생이 폭발하기 위해서는 몇 번 정도 감정을 참는 것을 보여줄 필요가 있을까?"

"최소 세 번 이상이어야 할 것 같아요."

"그래, 잘했다. 그러면 전학생이 감정을 참는 것을 어떻게 관객이 알아차릴 수 있게 할까?"

"…."

"어렵지. 이런 상황에서는 독백이나 방백이라고 하는 극본의 요소가 있어. 독백은 배우가 혼잣말을 하는 것이고, 방백은 대사를 하는 배우와 관객만 아는 대사야. 나중에 너희들이 이 부분을 어떻게 하면 좋을지 연출과 함께 결정해보렴."

해설에 나와 있는 이야기를 바탕으로 전학생의 성격과 행동이 어떨지를 상상해서 말해보도록 했다. 전학생, 선생님, 일진 무리, 아빠를 중심으로 캐릭터 분석을 마쳤다. 분석이 끝나면 이제 캐릭터를 살릴 수 있도록 자신이 맡고 싶은 배역을 정해서 극본 읽기를 했다. 자연스럽게 배역에 대한 윤곽이 나왔다. 이번 연극은 다른 때와는 달리 배역을 서로 하지 않겠다고 해서 배역을 정하는 것이 힘들었다.

이전까지는 서로 주요 배역을 하겠다고 해서 정하기 어려웠다면 이번에는 전체적으로 소극적인 성향을 가진 학생들이 많아 배역에 대한 열망보다 음향에 대한 경쟁이 치열했다. 최대한 하고자 하는 아이들 위주로 배역과 역할을 선정했으며 부득이한 경우에는 잠정적으로 역할을 결정하는 것으로 배역에 대한 문제를 해결해왔다.

이후 두세 번 더 극본을 읽으면서 등장인물의 성격을 파악하고 어떤 갈등을 안고 있는지 살피면서 극본 읽기를 마쳤다. 아직 대사를 다 외우지는 못했지만 대부분의 학생들은 인물의 성격을 잘 파악하고 있었다.

"이제 너희들이 올릴 무대의 배우들 캐릭터를 이해하겠니?"

"네."

"그럼 이제 누가 어떤 배역과 역할을 하고 싶은지 자유롭게 이야기 해보자."

"○○역을 해보고 싶은 사람 있어?"

"선생님, 제가 해보면 안 돼요?"

"그래, 일단 그 역할에 대한 후보로 하자. 혹시 다른 사람은 없니?"

"저도 그 역할 해보고 싶어요."

"그래 알았다. 너도 후보 중 하나로 하고. 혹시 다른 사람 없어? 그럼 ○○ 역할은 이 두 사람을 중심으로 연습할 거야. 두 사람은 집에서 틈틈이 연습을 해두렴. 어느 정도 연습이 되면 아이들 앞에서 오디션을 볼 거야. 오디션에서는 배역을 결정하는 것이 아니라 우선순위를 결정할 거야. 우선순위에서 밀린 사람도 내가 꼭 그 역할을 하고 싶다면 연습을 해두렴. 무대를 올리기까지 시간이 많이 남아 있기 때문에 우선순위가 바뀔 수도 있어. 가령 몸이 아파 그날 참석을 못 한다거나 체험학습으로 참석이 어렵다거나 하는 경우가 있을 수 있으니 연습을 꼭 해두면 좋겠다."

아이들은 배역을 정할 때 경합이 붙었을 경우 배역 결정에서 떨어지면 경쟁에서 떨어지거나 혹은 아이들로부터 배척을 당했다는 느낌을 갖는다. 그래서 함께 연극을 만들어가는 데 부정적인 역할을 하는 경우가 있다. 특히 경합에서 떨어진 학생이 학급에서 주도적인 역할을 해온 경우라면 더더욱 연극을 시작하는 단계부터 교사의 에너지를 소진시킨다. 이를 방지하기 위해 배역 결정을 고정하지 않고 우선순위로 결정한다. 그런 다음 그 배역에 욕심이 있을 경우 꾸준히 연습을 해두라고 안내한다. 개인적인 경험으로는 일곱 번의 공연 가운데 세 번은 우선순위가 바뀌었다. 또 다른 해결책으로는 무대를 두 번 올리는 경우가 있다. 주인공을 다르게 해서 2회 공연을 하는 것인데 마치 뮤지컬이나 연극 공연에서처럼 주연을 달리해서 무대를 올릴 수도 있다.

연극 수업을 진행할 때 교사가 주의 깊게 살펴보고 개입해야 하는 부분 중 하나가 배역을 정할 때다. 아이들에게 맡기면 배역에서 떨어진 학생의 성향에 따라 연극 수업에 게을리하거나 비판적으로 접근하기도 한다. 그래서 교사가 개입을 하되 배역 결정은 아이들이 하도록 안내하는 것이 좋다. 또한 배역에서 떨어진 학생이 다시 연극 수업에 참여할 수 있도록 다른 기회를 제공하는 것도 중요하다.

03
연극 공연 준비

　배우와 역할이 모두 정해졌다. 열두 명의 배우와 열한 명의 스태프가 정해졌고, 스태프는 음향 담당 두 명으로 결정이 되었다. 처음에는 한 명이 음향을 하기로 했는데 뒤늦게 자신도 음향을 하고 싶다고 손을 든 학생이 있어 두 사람에게 음향을 맡겼다. 조명, 방송실, 총연출, 조연출이 정해지고 나머지 학생은 모두 무대 소품 담당을 맡았다. 우선은 아이들에게 기본적인 무대에 대해 설명을 하고 1회차 연습을 했다. 그런 다음 총연출에게 어떻게 무대를 구성하는지 기록하도록 하고 무대 구성에 대한 설명을 했다.

연습하기

"애들아, 연습을 해보니 어때?"

"어려워요."

"뭐가 어려워?"

"얼굴 보고 말하는 것도 어렵고 의자를 옮기는 것도 어렵고 어떻게 해야 할지 모르겠어요."

"그러면 일단 선생님이 아는 범위 내에서 무대와 관련된 것을 이야기할 텐데 총연출이 잘 기록해두었다가 연습을 하면서 하나씩 배워가면 좋겠다."

"일단 의자 방향을 일자가 아니라 관객을 향해 사선으로 배치를 하면 좋을 거 같아. 왜 그럴까? 연극은 배우가 관객을 향해서 최대한 표현을 많이 할 수 있어야 하겠지. 그러면 관객의 입장에서 배우의 옆모습을 보는 게 좋을까? 아니면 배우의 얼굴을 볼 수 있는 게 좋을까?"

"배우의 얼굴을 볼 수 있는 게 좋을 것 같아요."

"그렇지. 그러기 위해서는 무대 배치를 반원형으로 하거나 최소한 사선으로 배치해야 관객이 배우의 얼굴을 볼 수 있단다. 이해하겠니?"

"네."

"그리고 조연출은 지금 저 뒤에서 배우의 대사를 한 번 들어봐. 들리니?"

"잘 안 들려요."

"그래. 너희들이 다른 것은 조금 못해도 괜찮아. 그런데 배우가 연기를 하면서 자신의 목소리가 관객에게 들리지 않는다고 생각해보렴. 너희들은 영화 볼 때 소리가 안 나면 그 영화 보고 싶니?"

"아니요."

"그렇지. 연극도 마찬가지야. 기껏 공연을 한다고 해서 이 자리에 왔는데 배우의 목소리가 들리지 않는다면 관객은 뭘 할까?"

"딴짓을 하겠지요."

"그래. 그러면 연극이 아니라 그냥 장난이 되는 거야. 그래서 배우의 목소리가 커야 한다는 거야. 그렇다고 악쓰라는 소리가 아니라 평소보다 한 배 반 정도 크게 소리 내서 대사를 말하면 좋겠어."

"네."

"그리고 첫 장면에서 소란스러운 장면이어야 하는데 너무 조용해. 극 중에서 선생님이 '다 떠들었니?'라고 하는데 이미 조용한데 뭘 다 떠들어? 선생님 역할의 친구가 '다 떠들었니?'라고 대사를 말하기 위해서는 너희들이 크게 떠들어야 하는 거야. 그게 어려우면 음향 담당은 아이들 떠드는 소리를 녹음해서 무대 시작과 함께 틀면 좋겠어.

그리고 '일진 4'가 대사를 하기 전에 전학생이 움직임을 멈추고 나서 대사가 진행되면 좋겠어. 그래야 연기와 대사가 구분되어 관객에게 전달될 수 있을 것 같아.

조명이 꺼지고 나서 스태프들이 의자를 옮기니 많이 소란스럽지? 이를 조절하기 위해 브릿지 음악이 들어가면 관객들이 심리적으로 연극의 연장선에서 감정이 전환되는 효과가 있어. 그러니 각 막이 바뀔 때마다 장면과 장면이 연결되는 음악을 찾아보렴. 예를 들어 감정이 차분한 장면이 끝날 때는 조용한 음악을, 동작이 역동적이고 감정이 고조되는 장면에서는 빠른 박자와 비트가 강한 음악을 찾으면 되는 거야. 이해했니?"

"네."

"그리고 지금 너희들이 쓴 극본을 보면 일단 막이 상당히 많아. 막이 많으면 관객의 입장에서는 산만하게 느껴질 수 있어. 선생님이 막을 억지로 줄이라고는 하지 않을 텐데 최대한 자연스럽게 막을 줄일 수 있는 방법을 같이 생각해보자. 그리고 영어선생님이 등장하고 퇴장할 때 시간의 흐름을 표현할 수 있으면 좋겠어. 이 경우에는 시계 소리를 준비해서 시계 소리가 날 때 배우들이 동작을 고정시키거나 혹은 빨리 움직이게 하면 시간이 지났다는 것을 알 수 있단다. 너희들은 어떻게 하고 싶니?"

"동작이 고정되어 있는 게 좋을 것 같아요."

"그럼 그렇게 하도록 하자. 전체적으로 배우의 목소리를 조금 키우도록 하고. 이런 부분 몇 가지만 신경 써서 연습하면 굉장히 좋은 무대가 될 것 같아. 앞으로가 기대가 되는구나."

두 번째 연습을 마치고 아이들이 매너리즘에 빠졌는지 무대 준비와 소품이 제대로 되어 있지 않아 연습을 하는 데 시간이 많이 걸렸다. 연극 공연 시간은 약 19분 정도인데 준비를 하는 과정에 30분 이상이 걸렸다. 아이들의 연습 과정을 지켜보면서 몇 가지 들었던 생각을 메모해두었다가 총연출을 담당한 학생에게 건네주고 다음 연습 때 잘 지켜보라고 안내를 했다. 총연출에게 건네준 메모는 아래와 같다.

연습 피드백

- 공연이 시작될 때 연극 소개를 관객에게 안내할 수 있도록 미리 준비해 온다.
- 아이들이 사전에 세팅하는 것이 서툴러 무대가 진행되는 시간이 늦어진다.
- 세팅을 할 때는 스태프들 간의 역할이 미리 약속되어 있어야 한다. 1막이 끝나면 누가 무엇을 어디에 배치할 것인지 사전에 약속해두어야 장면 전환이 원활해진다.
- 지난번 연습에 비해 공연 시작 부분에 나오는 아이들의 소란스러움이 자연스러워졌다.
- 전학생 등장 장면이 자연스럽다. 전학생의 연기가 좋다.
- 일진 2의 대사인 "에이~" 부분이 빨라서 선생님의 대사도 빨리 들어가는 면이 있다. 일진 2의 대사가 끝나고 1~2초 있다가 선생님의 대사가 들어가면 자연스러울 것 같다.
- 장면과 막 사이에 음악과 조명의 연결이 필요해 보인다.
- 수학책이 준비물로 필요하다.
- 장면을 주도하는 학생들이 먼저 움직이고 다음 장면이 이어지도록 한다.

- 스태프, 소품을 담당하는 학생이 구분되어야 한다.
- 배우의 동선을 방해하는 장면을 방해하지 않도록 다른 배우들의 움직임을 최소화한다.

장면 피드백

- 배우가 항상 관객을 정면으로 바라볼 수 있도록 한다.
- 관객이 입장할 때 음악은 사람들의 웅성거리는 소리와 조명과 맞물려 나와야 한다. 노랫소리가 줄어들면 안내자가 등장하고 안내자가 퇴장하면서 조명이 꺼지고, 조명이 꺼지면 연극의 시작을 알리는 음악이 필요하다.
- 음향이 줄어들면서 아이들의 떠드는 소리가 연결되도록 한다.
- 애드리브를 하는 소리와 대사를 가진 학생의 목소리 중에서 대사를 하는 목소리가 더 크게 들려야 한다.
- 한 배우가 대사를 할 때는 다른 배우들이 대사를 방해하지 않는다.
- 막을 최소화하기 위한 노력이 필요하다. 한 공간에서 무대 세팅이 빈번해지면 관객은 불편해진다.
- 무대를 전환하는 스태프의 인원을 나누어서 역할을 수행해도 좋다.
- 배우의 친밀도는 간격으로도 표현될 때가 있다.
- 배우는 앞뒤로 서 있지 말고 옆으로 서는 것이 관객에게 배우의 얼

굴을 더 잘 보여줄 수 있다.

- ○비가 먼저 나갈 때 화가 난 동작이 필요하다.
- 캐릭터 분석을 통해 배우의 대사 톤과 걸음 동작 등 전체적인 흐름을 잡을 필요가 있다.
- 퇴장하면서 불필요한 대사를 하지 않도록 한다.
- 각 장면별로 스태프의 역할을 나누어야 한다.
- 음향이 먼저 커지고 조명은 나중에 꺼져야 한다.
- 배우의 시선이 흔들리지 않는 것이 중요하다.
- 무대 위에서의 배우의 동작은 과장이 필요하다.
- 권위 있는 발성을 하려면 목소리를 굵고 단호하게 한다.

세 번째 연습을 마치고 난 후 총연출이 친구들과 무대를 조율하는 점이 이전보다 상당히 좋아졌다. 연극 연습을 하거나 아이들끼리 역할에 대해 이야기하는 것은 가능하면 총연출이 진행하는 것을 지켜보았다. 연출을 맡은 학생이 조언을 구하러 오기 전에는 개입하지 않았다. 그랬더니 자연스럽게 아이들끼리 연극에 대한 다양한 의견이 오고 가는 모습을 볼 수 있었다. 우선 자신들끼리 해결해보고 해결이 어려우면 교사에게 도움을 청했다. 처음 연습을 할 때는 처음에는 끝까지 연습을 해보고 그다음에는 장면 장면을 끊어서 연습하고 난 후 피드백이 이루어졌다.

"얘들아, 선생님이 전에 말씀하신 것처럼 음악이 먼저 나오고 조명은 늦게 꺼지고, 조명이 켜지면 음악이 줄어들다 꺼지는 게 좋을 것 같아. 그리고 조명이 꺼진 상태에서 계속 음악이 나오면 더 좋을 거 같아. 이제 연극이 끝나고 무대 인사를 할 건데 스태프가 먼저 인사하고 뒤로 빠져. 그리고 학생들과 일진들이 인사하고 그다음에는 전학생과 선생님 그리고 아빠가 하면 될 것 같아. 마지막으로 나하고 조연출이 인사를 할게. 이해했지?"

"그래."

연극 연습을 하는 과정에서 총연출을 담당한 학생의 수고가 눈에 보였다. 총연출 학생은 다른 학생들이 배우를 하기 힘들어해서 영어선생님 역할까지 맡았다. 연기 연습만으로 힘들었을 텐데 연출에 대해 궁금하거나 모르는 것은 내게 물으러 왔다. 연습이 시작될 때는 다른 친구들의 연기와 역할을 확인하는 모습이 제법 연출가처럼 보였다.

교사는 처음 한두 번 연습에서 총연출이 어떤 역할을 하고 어떤 부분을 눈여겨보아야 하는지를 가르쳐주고 나서 연습과 피드백 모두 아이들의 힘으로 이루어지도록 지켜보기만 했다. 그리고 최종 리허설을 남기고 한 번 더 연극 연습을 보면서 피드백을 해주고 총연출에게는 교사가 지도하는 부분을 메모하도록 했다. 특히 총연출이 연습을 지켜보면서 연습 일지를 작성하게 했다. 그리고 그 연습 일지를 바탕으로 배우나 스태프 역할을 맡은 아이들에게 이전과는 달라진 부분을 안내할 수 있도록 조언했다.

"애들아, 첫 장면이 어색하면 다음 장면에도 영향을 끼치기 때문에 떠드는 장면에서는 조금 자신 있게 떠들어보면 좋겠다. 그리고 '야, 안 들려.' 대사에서 등장인물의 목소리가 작고 다른 친구들의 목소리도 작아. ○환이는 대사를 방해하지 않는 수준에서 애드리브를 하면 좋을 것 같아. 자신은 애드리브로 표현했는데 다른 사람들은 그 표현을 이해하지 못할 수 있어서 그래."

"배우는 대사를 통해 연기를 하는 것도 중요하지만 표정으로 나타내는 것도 무시하기 어려워. ○국이의 표정이 너무 포커페이스처럼 보여. 대사에 어울리는 감정을 얼굴로 나타낼 수 있으면 좋을 것 같아."

"특히 스태프와 배우의 장면 전환이 약속이 되어 있지 않았을 때 준비하는 시간이 많이 걸리게 되는데 시간이 많이 걸리면 연극의 흐름이 끊어질 우려가 있어. 이 과정에서 총연출에게 부탁하고 싶은 것은 모든 장면을 스태프와 배우가 약속을 해서 흐름이 끊어지지 않게 해주면 좋겠어."

피드백이 끝나고 다시 아이들끼리 연습하는 시간을 가졌다. 어느 정도 아이들이 연습에 익숙해졌을 때 아이들의 반응을 살펴볼 필요가 있다. 연극 연습은 주로 창체 시간을 활용하는데 아이들이 연극 연습을 마치 노는 시간처럼 느끼지 않을까 염려가 되었다. 그래서 지금까지 아이들이 해온 준비 과정에 대한 피드백을 받았다.

연극 수업을 진행하면 자연스럽게 아이들이 들뜨는 경향을 보인다. 연극 놀이와 연습은 아이들의 긴장을 풀어놓아 자칫 다른 수업 분위기까지 흐트러트릴 우려가 있다. 그래서 중간 중간 아이들의 피드백을

받아 정리하는 시간이 필요하다. 연극 놀이나 연극 연습 중간에는 질문을 통해서 물어볼 수도 있고, 따로 시간을 내어 간단하게 글로 써보게 하는 것도 좋다.

포스터 및 무대의 배경 제작하기

공연을 올리기 전 공동 작업으로 해야 할 일은 공연 홍보 포스터 제작과 작품의 배경을 만드는 일이다. 또한 초대장을 만들거나 공연이 학예회 형태로 진행될 경우 안내지를 만드는 작업을 함께해도 좋다.

포스터를 제작할 때는 무엇을 전달할 것인지 목표를 분명히 하도록 안내를 했다. 포스터 제목은 멀리서도 분명하게 보일 것, 포스터를 보러 온 친구들이 궁금증을 일으킬 요소가 있을 것, 주연 배우들이 드러날 것 등 어떻게 홍보를 해야 많은 친구들이 공연에 오고 싶다는 생각을 할지에 대해 이야기했다. 포스터를 만들 때는 모둠별 공동 작업으로 각 모둠당 2매씩을 제작하도록 했다. 모둠 작업을 할 때는 잘 만드는 것보다 모두가 함께 만드는 것에 비중을 두도록 했다.

무대 배경을 제작할 때는 막에 따라 배경을 바꿀 것인지 아니면 하나의 큰 배경을 만들고 소품을 이용해서 연기의 장소를 다르게 할 것인지에 대해 이야기했다. 아이들은 여러 장의 배경을 만들기보다 하나의 큰 배경을 만들고 연기를 하는 장소를 바꾸기를 원했다. 배경을 작업할 때에는 미술에 소질이 있는 미술감독을 중심으로 큰 얼개를 짜고 세부적인 표현은 여러 명이 한꺼번에 작업을 했다.

04
연극 공연을 마치고

연극 수업을 마친 후에는 아이들에게 피드백을 받는다. 연습을 마친 후와 공연을 마친 후로 나누어 활동지를 나누어주고 두 가지 피드백을 받는 것이 좋다. 아이들의 성장은 활동 그 자체에 있는 것이 아니라 활동을 마치고 자신이 한 활동에 대해서 스스로 생각을 정리하는 가운데 일어난다고 믿는다. 마치 운동선수들이 훈련을 끝내고 자신의 활동을 돌아볼 때 실력이 느는 것처럼 말이다.

연습 과정 피드백

연습 과정 피드백은 내가 맡은 역할이 어떤 것인지, 맡은 역할 가운데 어려웠던 점과 재미있었거나 의미 있었다고 생각되는 점, 그리고 공연을 앞둔 소감에 대해 정리해보았다.

<table>
<tr><td rowspan="3">국어</td><td rowspan="3">연극연습을 마치고</td><td>서울강일초등학교</td></tr>
<tr><td>6학년 반 번</td></tr>
<tr><td>이름 :</td></tr>
</table>

1. 연극 '전학생의 비밀'에서 내가 맡은 역할에 대해 간단히 써봅시다.

2. 내가 맡은 역할을 수행하면서 어려웠던 점과 재미있었거나 보람을 느꼈던 점을 써봅시다.

어려웠던 점
_____
_____

재미있었거나 보람을 느꼈던 점
_____
_____
_____

3. 27일 연극 공연을 할 때 드는 생각이나 기대되는 점
_____
_____
_____
_____

• 김○연

· 내가 맡은 역할과 어려웠던 점 : 내가 맡은 역할은 일진 3을 맡았는데 처음에 연기를 할 때는 웃음기가 많아 웃음을 참는 것이 어려웠고 연기를 하는 것이 힘들었다. 비슷한 역할을 맡은 친구들과 협동

심이 서로 안 맞아 다투는 일이 있어 무엇을 결정할 때 쉽지가 않았다.

· 재미있었거나 보람을 느꼈던 점 : 친구들과 하나하나 맞추어가면서 발전이 되어가고 있어 보람을 느꼈다. 항상 연극을 할 때 1막부터 끝까지 다하다 보면 나에게 '수고 했어 김○연'이라는 단어가 생각이 나서 좋았다.

· 기대되는 점 : 많은 사람들이 와서 보고 즐기는 그런 연극이 되겠지만 때로는 긴장이 있고 자신감이 처질 때도 있을 것 같다. 그러나 여태까지 연극을 준비해왔으니 다른 사람에게 발전되었다는 모습을 보여주면서 사람들이 보면 정말 열심히 했나보다. 역시 남다르다라는 말이 우리를 행복하게 해줄 거라 믿는다. 이번 극본을 수정하고 내가 작업하면서 얼마나 많은 시간을 썼는지 생각해보면 나에게 "멋지게 할 거다."라는 말을 전해주고 싶다. 스태프들, 배우들, 총감독과 조연출, 음향과 조명까지 각자 자기가 해야 할 일을 맡고 그것을 정말 중요하게 여기기 때문에 협동하며 잘될 수 있을 것 같다. 6-4반 친구들 다 연극에 한 명도 빠짐없이 참여해주고 힘들어도 잘 버텨줘서 정말 고맙다. 모두 좋은 결과로 연극을 마쳤으면 좋겠다. 사랑한다. 애들아~

• 조○현
· 내가 맡은 역할과 어려웠던 점 : 조명 역할을 하게 되었는데 조명

타이밍을 맞추기 힘들었고 음향과 조화롭게 맞추기 힘들었다. 나무로 된 계단에 쪼그리고 앉아 있어서 허리가 너무 아팠다.

· 재미있었거나 보람을 느꼈던 점 : 처음에는 내가 조명을 능숙하게 다루지 못했는데 선생님의 조언을 들으며 점점 잘 다룬 것 같다.

· 기대되는 점 : 스텝들이 잘해줄까? 배우들이 잘해줄까? 목소리가 커야할 텐데…. ○○이가 처음 시작할 때 말을 더듬으면 안 되는데, 준비물이 없으면 안 되는데 하는 생각이 든다.

• 안○희

· 내가 맡은 역할과 어려웠던 점 : 나는 총감독과 영어선생님 역할을 맡았다. 지금까지는 항상 내가 할 일만 하다가 무대 전체를 보면서 연습마다 내 생각을 말하고 분쟁이 있으면 해결을 해야 하고 기본 아웃라인을 잡아주는 것이 어렵고 힘들었다.

· 재미있었거나 보람을 느꼈던 점 : 연습을 하는 순간 즐겁고 행복했다. 아마 이번 공연을 올리고 나면 정말 활기차게 웃을 수 있을 것 같다.

· 기대되는 점 : 처음 내가 총감독을 한다고 부모님께 말씀 드렸더니 부모님이 총감독은 연극이 성공하면 찬사를 받지만 실패하면 가장 비난을 많이 받는 자리라고 했다. 그만큼 네가 있는 위치에서 최대한 열심히 하라고 하셨다. 나는 나름 잘했다고 생각한다. 이제 남은 연습만 잘하면 결과가 어떻게 되던 상관이 없을 것 같다. 그래도

떨린다.

공연 후 피드백

공연을 마치고 나서는 공연이 시작되기 전, 공연이 시작된 후, 공연을 마친 후에 대한 느낌과 생각을 글로 표현해보도록 했다. 모두가 함께 준비해온 공연을 마무리하고 나서 그때의 생생한 느낌을 표현해보면서 아이들이 이전과 어떻게 달라졌는지 알고 싶었다. 이런 공연 후의 피드백은 연극 수업이 가진 매력 가운데 하나다. 아직 마음에 여운이 남아 있을 때 그 마음을 글로 표현하고 또 아이들과 둘러앉아 서로의 느낌을 공유할 때 교사로서 뿌듯함을 느낄 수 있었다.

• 김○국

· 공연이 시작되고 공연 중에 느꼈던 마음이나 무대 인사를 할 때 들었던 생각은? : 공연이 시작되는 음악이 나오고 ○○이가 멘트를 할 때 '아, 이제 진짜 시작이구나'라는 생각이 드는 순간 긴장을 안 하고 있다고 생각했는데 몸이 떨렸다. '내가 여기서 틀리면 그동안 준비했던 다른 친구들에게 피해가 갈 거야.'라는 생각에 심호흡을 하고 천천히 대사를 이어나갔다.

· 연극 무대가 시작되기 전에 들었던 마음이나 그때의 느낌은? : 무대에 오르기 전 대사를 틀릴까봐 긴장이 바짝 들었다. 친구들 앞에

서 우리가 준비했던 무대를 보여주는 게 재미있을 것 같다고 생각
했다. 친구들이 연극을 하던 도중에 돌발 상황이 일어나면 대처할
생각도 하고 있으면서 속으로 대사를 외우고 있었다.

· 연극이 끝나고 난 후 아쉬운 점이나 다시 기회가 주어진다면 어떤
역할을 하고 싶은지? : 만일 다시 기회가 주어진다면 또 전학생 역
할을 해보고 싶다. 내가 태어나서 처음으로 과정과 결과를 100%
로 채운 것 같아서 좋았고 연극을 하면서 책임의 무게를 느꼈다.
그리고 친구들에게 평소의 내 모습이 아니라 또 다른 전학생의 모
습을 보여주고 싶다.

• 송○윤
· 공연이 시작되고 공연 중에 느꼈던 마음이나 무대 인사를 할 때 들
었던 생각은? : 친구들이 실수를 해도 차분하게 풀어가는 게 보기
좋았고 무대 인사가 조금 어색했지만 나름 노력한 것이 눈에 보여
서 좋았다.
· 연극 무대가 시작되기 전에 들었던 마음이나 그때의 느낌은? : 약
간 긴장이 되었고 평소처럼 하면 좋겠다고 생각했다.
· 연극이 끝나고 난 후 아쉬운 점이나 다시 기회가 주어진다면 어떤
역할을 하고 싶은지? : 만일 다음에 이런 기회가 주어진다면 일진
역할을 해보고 싶다. 일진 역할을 한 친구의 목소리가 조금 작아서
내가 하면 크게 잘할 수 있을 것 같다. 아쉬운 점은 대사를 할 때

국어	연극공연을 마치고	서울강일초등학교
		6학년 반 번
		이름 :

1. 연극 '전학생의 비밀'을 공연하기 전에 들었던 마음이나 생각을 정리해보세요.

_____

_____

_____

2. 공연이 시작되고 공연 중에 느꼈던 마음이나 무대 인사를 할 때 들었던 생각을 써보세요.

_____

_____

_____

3. 연극이 끝나고 난 후 아쉬운 점이나 만일 다시 이런 기회가 주어진다면 어떤 역할을 해보고 싶은지 정리해보세요.

_____

_____

_____

_____

어디에 서서 누구를 보고 대사를 해야 할지 어색한 느낌이 들었다.

• 윤○지

· 공연이 시작되고 공연 중에 느꼈던 마음이나 무대 인사를 할 때 들었던 생각은? : 자꾸 웃음이 나오려고 해서 참기가 힘들었다. 대사

를 할 때 시선을 어디다 둬야 할지 몰라 바닥을 보고 있었는데 관객의 반응이 궁금했다.

· 연극 무대가 시작되기 전에 들었던 마음이나 그때의 느낌은? : 무대가 시작되기 전에 긴장이 되었다. 몸이 떨리고 잘 연기할 수 있을지 걱정이 들었다.

· 연극이 끝나고 난 후 아쉬운 점이나 다시 기회가 주어진다면 어떤 역할을 하고 싶은지? : 오늘 옷을 조금 더 날라리처럼 입고 올 걸 하는 아쉬움이 들었다. 그리고 평소 때도 그랬는데 목소리가 조금 작았던 것 같아서 크게 낼 걸 하는 생각이 들었다. 만일 다음번에 기회가 주어지면 한 번 더 일진 역할을 해서 이번 실수를 만회해보고 싶다.

· 이○비

· 공연이 시작되고 공연 중에 느꼈던 마음이나 무대 인사를 할 때 들었던 생각은? : 공연 도중 웃긴 장면과 실수를 했는데 웃으면 안 되라고 생각하며 어금니를 꽉 깨물고 참았다. 공연이 끝나고 무대 인사를 할 때 끝났다는 마음과 잘했다는 마음에 뿌듯했다.

· 연극 무대가 시작되기 전에 들었던 마음이나 그때의 느낌은? : 처음에는 '실수하면 어쩌지? 아냐 잘 될 거야. 잘 할 수 있어!'라는 생각을 하면서 긴장을 풀고 있었다. 대사를 조금 더 디테일하게 했더라면 하는 생각이 들었다.

· 연극이 끝나고 난 후 아쉬운 점이나 다시 기회가 주어진다면 어떤
역할을 하고 싶은지? : 만일 다음에 이런 기회가 있다면 전학생 역
할을 하고 싶다. 왜냐하면 연극을 하면서 전학생의 마음을 알고 이
해를 해보고 싶다.

• 박○혁
· 공연이 시작되고 공연 중에 느꼈던 마음이나 무대 인사를 할 때 들
었던 생각은? : 공연하기 전에는 기대에 부풀어 있었는데 공연 중
실수를 너무 많이 하다 보니 자신감은 떨어졌고, 무대 인사를 할
때 너무 쪽팔려서 나 자신이 한심하였다.
· 연극 무대가 시작되기 전에 들었던 마음이나 그때의 느낌은? : 연
극이 시작되기 전 실수하진 않을까 걱정되는 마음이 먼저 앞섰고,
친구들이 어떤 연기를 선보일까 기대도 되었다. 연극에 제대로 몰
입하지 못하고 다른 친구들의 의견을 듣지 않아서 연극을 망쳐버
린 것 같다.
· 연극이 끝나고 난 후 아쉬운 점이나 다시 기회가 주어진다면 어떤
역할을 하고 싶은지? : 다음에 이런 기회가 주어지면 다시 배우를
하고 싶다. 다시 배우에 도전해서 이번의 실수를 만회하고 연극을
잘 살리고 싶다.

관람객 피드백

6학년 여섯 반과 3학년, 4학년 한 반씩, 총 여덟 반이 2회에 걸쳐 연극을 관람했다. 관람을 마치고 6학년들을 대상으로 관람 소감을 적는 것으로 1차시 수업을 구성했다. 이 부분은 동학년 선생님들과 협의를 통해 시간을 조율했다. 연극 관람을 마친 아이들에게 '연극 공연에서 인상 깊었던 장면이나 연기자의 연기 가운데 마음에 와 닿는 소감'을 피드백 받아 우리 반 아이들에게 들려주었다. 이 과정에서 아이들이 자신의 연기에 대해 자부심을 느끼는 모습을 볼 수 있었다.

- 김○진 : 멱살 잡고 때린 후 불이 꺼지는 타이밍이 잘 맞았고, 일진, 전학생, 선생님이 연기를 잘 해 진짜 같았고 실감이 났다. 예상하지 못한 등장인물은 영어선생님이었는데 연기를 잘해서 전체적으로 멋있었다.

- 강○우 : 주인공인 전학생의 연기가 실감 나게 느껴졌고 생각보다 재미있어서 집중해서 볼 수 있는 공연이었다. 급식 시간에 식판을 던지는 장면에서 다른 곳에 떨어뜨리지 않고 알맞은 각도에서 잘 캐치한 것이 인상 깊었다. 연기자의 연기를 보고 1~2주 연습한 것이 아니라 꽤나 많은 시간을 들여서 연습을 했다는 것이 보였다.

- 정○미 : 주인공이 얼굴 표정 연기를 잘하였고, 영어선생님 성대모사를 잘했다. 음향 넣어주는 친구들도 타이밍 맞게 잘했고, 조명 끄는 친구도 연극의 장면을 잘 맞춰서 잘했다. 그러나 조명이 꺼졌을

국어	연극관람을 마치고	서울 강일 초 등 학 교

서울 강일 초 등 학 교
6학년 반 번
이름 : _____

1. 연극 '전학생의 비밀'을 관람한 후 내가 만일 전학생이었다면 어떻게 문제를 해결했을지 적어봅시다.

_____

_____

_____

_____

2. 연극은 보이는 배우의 역할도 중요하지만 보이지 않게 수고하는 사람의 역할도 중요합니다. 어떤 역할들이 있었는지 생각나는 대로 적어봅시다.

_____

_____

_____

_____

3. 인상 깊었던 장면이나 연기자의 연기 등 공연을 보고난 소감을 적어봅시다.

_____

_____

_____

때 관객들이 시끄럽게 떠들어서 미안한 마음이 들었다.

• 김○주 : 일진이 급식을 먹고 전학생에게 "내 급식판 네가 치워라."
라고 하며 급식판을 던질 때 그 급식판과 급식판이 딱 맞게 떨어져서 인상 깊었다. 그리고 일진이 때리려는 찰나 불을 끈 것이 인상 깊었다. 4반 모든 친구들이 협력해서 연기하기 쉽지 않았을 텐데 모두가 열심히 한 것 같아 부러웠고, 공연이 진짜 재미있었다.

• 진○서 : 진짜 배우처럼 잘하지는 못했지만 재미있었다. 조명이 연기하는 장면에 잘 맞춰서 꺼지고 켜져서 좋았다.

관객으로 참여한 선생님들의 이야기

12월 27일 공연을 결정하고 나서 연극 포스터를 제작했다. 우리 반 아이들이 연극 무대가 올라가는 과정을 최대한 밀도 있게 경험할 수 있도록 포스터를 제작하고 복도에 게시했다. 그러자 우리 반의 연극 공연이 학년의 일이 되었고, 관심을 보이는 선생님들과 학생들이 생겼다. 그들을 대상으로 2회 공연을 기획하고 6학년 여섯 반과 4학년, 3학년 각 한 반, 총 여덟 반이 관객으로 참여했다. 저학년의 경우 공연 후 피드백은 받지 못했지만 선생님들께 피드백을 받아 내용을 정리해서 우리 반 아이들에게 들려주었다.

• 6학년 1반 담임 심○준

학급의 모든 구성원들에게 역할을 부여한 것이 좋았습니다. 영어선생님의 행동에 모티브를 얻어 캐릭터에 반영한 것은 관객들의 공감을 이끌어낼 수 있어 재밌었던 것 같습니다. 오늘 연극에서는 적당히 수

위 조절이 되어서 다행이었어요. 더 나아갈까봐(영어선생님을 희화화할까봐) 조마조마. 학생들에게 물어보니 연극 강사와의 수업에서 마지막 차시에 진행했었던 본인들의 연극과 비교하여 볼 때 조명과 무대장치, 음향이 있으니 더 그럴듯하고 멋졌다고 하더라고요.

• 6학년 5반 담임 최○정
선생님 역을 맡은 학생이 대사 실수가 있음에도 극의 몰입을 깨지 않고 끝까지 이어나가는 모습에서 그동안의 연습과 노력을 알 수 있었습니다. 연출, 조연출, 조명, 음향, 배우 등 모두 자기 자신의 역할에 집중해서 연극을 끝까지 해내는 모습이 인상적이었습니다. 고생 많으셨습니다.^^

• 6학년 6반 담임 ○○현
선생님! 긴 시간 애를 쓰신 공연이 오늘 마무리되었네요. 어떤 심정이실지 알 것 같기도 하고 아닌 것 같기도 하고.
저와 가깝게 지내는 한 선생님은 왕따와 자살이라는 무거운 주제로 아이들이 직접 구성한 대사를 바탕으로 만든 연극을 학교 학예회에 올렸다가 한 학부모가 신문고에 민원을 제기하는 바람에 민원인의 요구대로 학교 전체가 학폭 교육을 실시하고 소감문을 쓰고 심지어 연극의 결말도 바꾸어 재공연하는 엄청난 일을 겪었어요. 다시는 이런 비슷한 시도도 하지 않아야겠다는 소리를 들으며 많은 생각을 하게 되었지요.

저는 이번 연극을 보면서 아이들이 생각하는 전학의 무게가 생각보다 큰가보다 하는 생각이 들었어요. 연극 속의 주인공은 무언가 비밀을 품고 있는 특별한 전입생이었지만 아이들에게는 완전히 새로운 환경에 적응해야 하는 무시무시한 일로 생각되나 봅니다. 기존의 아이들에게 배척당하지 않을까 걱정하며 선생님과 부모님의 도움은 한계가 있고 결국은 어떻게든 스스로 다시 일어서야 하는 그런 엄청난 변화. 아이들마다 이후의 선택지는 다양할 것이고 어쩌면 자신의 선택지를 친구들과 공유하는 것조차 조심스러울 수 있기에 전학생의 비밀과 선택에 대한 결말을 열어놓은 것은 아닐까 생각했어요.

제대로 된 연극 공연을 본 아이들도 많지 않았을 텐데 도전보다 기존의 관습 속에서 편한 길을 택하기 쉬운 아이들을 데리고 아무것도 없는 출발선에서 시작하여 조명, 음향, 무대, 배우까지 모두가 하나의 결과물을 만들어내어 관객을 맞이했다는 경험은 아이들에게 아주 큰 기억으로 남겠지요. 그 과정이 지난했어도 어쩌면 지난했기에 더욱 의미가 있지 않을까요? 그런 이유로 관객의 입장에서 아쉬운 점이 있더라도 그다지 중요하지 않다고 봅니다. 객관적인 연극의 완성도보다 완성 과정에서 겪게 되는 수많은 논의와 갈등, 타협, 양보, 포기까지 그런 일련의 흐름이 제일 중요한 경험이라고 생각해요. '아이들과 연극을 만들어 올린다니! 난 못 해!' 하면서 겁부터 내는 제가 보기에는 완성도 높은 아주 멋진 연극이었으니 오해는 마세요.^^

만들어가는 과정에서는 얽매이지 않는 창의적인 마인드가 요구되지만 결과로 보이는 공연 자체는 빈틈없이 짜여진 틀 속에서 정확하게 서로의 약속 안에서 움직여야 하는 연극을 만들어내신 선생님과 4반 친구들 대단하세요.

저희 반 아이들이 말주변도 글 주변도 없어서 피드백에 무어라 썼는지 모르겠지만.^^ 보고 와서는 엄지 척이라며 칭찬 많이 했어요. 부러워하기도 했고 난 못 한다며 손사래를 치는 친구도 있었어요. 그 마음까지 더불어 전합니다.

- 3학년 1반 담임 김○일

공연에 초대해주셔서 진심으로 감사합니다. 아이들이 주도적으로 활동하는 모습이 보기 좋았습니다. 연극이라는 매체가 아이들에게 주는 좋은 점인 것 같아요. 무대에 올라가는 친구들뿐 아니라 음악, 조명, 방송실에서 자신이 맡은 역할을 해내면서 아이들 스스로 성장하는 경험을 가질 수 있으니까요. 아이들의 모습에서 뿌듯함이 느껴졌습니다.

연극의 내용은 전학 온 친구가 소외, 따돌림을 당하다가 친구들에게 용기 있게 맞서는 것으로 이해했습니다. 자신들이 학교에서 경험하는 내용과 고민이 들어가 있는 것 같아서 아이들이 이 문제에 대해 생각해보는 기회가 되었을 것 같습니다. 도덕책이나 선생님이 몇 번 얘기하는 것보다 이렇게 자신들의 문제를 돌아보고 자기들의 언어로 풀어내는 과정을 통해 보다 깊이 있게 생각해볼 수 있을 거라 생각합니다. 다만 이 문제를 아이들이 얼마만큼 고민해봤을까라는 생각이 들었어요. 문제를 다루기는 하지만 보다 깊이 있게 들어가지 못하고 살짝 건드려본다는 느낌이 들었습니다. 물론, 이 정도를 경험한 아이와 경험하지 않은 아이는 큰 차이가 있겠지만, 가해자와 피해자는 어떻게 진정한 우정을 나눌 수 있을까, 그것이 꼭 폭력적인 방법이어야 할까 등등의 갈등을 풀어가는 방법에 대해 좀 더 깊이 들어갈 수는 없었을까라는 생각이 들었습니다.

마지막 커튼콜은 배우, 스태프, 연출 이렇게 했는데, 배우 아이들을 나누어서 3~4명씩 무대 앞으로 나와서 인사를 해도 좋지 않았을까 생각했는데요. 6학년 아이들이 부끄러워할 수도 있겠다는 생각도 들었고요. 이런 저런 떠오르는 생각들을 그냥 말씀드렸습니다. 저도 좀 더 고민해서 연극을 만들어볼 수 있을 거 같아요. 좋은 기회 주셔서 감사해요.

연극 수업을 마치고 이 모든 내용을 아이들에게 보여주었다. 다른 반 친구들의 이야기와 다른 선생님들의 이야기를 아이들과 함께 읽으면서 아이들에게 "너희들이 십 년 후 6학년을 생각하면 어떤 것이 먼저 생각날 것 같니?" 물었다. 대부분의 아이들이 "연극이요!"라고 답을 했다. 실제 졸업을 하고 학교로 찾아오는 아이들에게 물으면 학급 캠핑과 더불어 연극 수업 때 있었던 이야기를 가장 많이 하고는 한다.

발령을 받고 나서 오랫동안 상당히 많은 활동을 수업으로 풀어내려 애써왔다. 협동학습, 발도르프 수업, 문집 만들기, 교실 야영, 학급 헌법 만들고 자치 활동하기, 디베이트 토론 수업, 하브루타, 온작품 읽기 등. 이 가운데 지금도 수업으로 풀어내고 있는 활동도 있지만 연극 수업만큼 매년 새로운 느낌을 주는 수업은 아직은 없는 것 같다.

수업 안에서 아이들의 살아 있는 모습을 지켜보는 것은 교사에게 큰 축복이라 생각한다. 연극 수업은 교사와 아이들이 함께 빛날 수 있는 수업이다. 혹 연극 수업을 하고 싶은데 어디서부터 해야 할지 막막함을 느끼는 선생님들이 계시다면 그분들에게 이 책이 작은 빛이 되었으면 한다.

「이 도서의 국립중앙도서관 출판예정도서목록(CIP)은
서지정보유통지원시스템 홈페이지(http://seoji.nl.go.kr)와
국가자료공동목록시스템(http://www.nl.go.kr/kolisnet)에서 이용하실 수 있습니다.
(CIP제어번호: CIP2020023591)」

연극, 수업을 바꾸다

초판 1쇄 발행 2020년 7월 6일
지은이 송칠섭
발행인 윤을식

펴낸곳 도서출판 지식프레임
출판등록 2008년 1월 4일 제 2016-000017호
주소 서울시 서초구 효령로26길 9-12, B1
전화 (02)521-3172 | **팩스** (02)6007-1835

이메일 editor@jisikframe.com
홈페이지 http://www.jisikframe.com

ISBN 978-89-94655-84-0 (03370)